みんなでつくる
みんなでもちよる
会食の日の献立

この本を使う方へ

●料理の分量は、人数倍するときにわかりやすく、使いやすいよう10人分としましたが、材料によっては1単位・○人分と表わしてあります。

●10人分以上つくる場合、肉・魚・野菜などの材料やほとんどの調味料は、人数倍すればよいのですが、塩および塩分を含む調味料については、％表記のあるものは材料の正味の重量から計算したり、9頁のように調味％で塩分量を確認するなどの注意が必要です。また、加えるときは「計算して出した分量」の「70～80％」を加え、あとは味をみてととのえることを原則とします。

●この本で使われている大匙は15cc、小匙は5cc、1カップは200ccです。

はじめに

毎日の食卓は、家族の身体と心を養うものです。友の会では創立以来七〇年、家庭の食生活の向上を願い、励んでまいりました。

その延長として、毎月の「例会」の昼食、創立記念日や友の家竣工式の祝膳、お客さまのおもてなし、幼児が大勢集まるときの食事、高年の方々へお届けするおべんとうなど、五人分から数十人分、時にはそれ以上にもなる多人数の料理を、家庭の味を活かしながら、手づくりでととのえる研究が重ねられてきました。

この度、全国友の会創立七〇周年を記念して、婦人之友社との協力で刊行いたしました『みんなでつくる・みんなでもちよる　会食の日の献立』は、各地友の会の得意料理、地域に伝わる郷土料理の中から、五八例をまとめたものでございます。

大人数の料理をおいしくつくる急所は、時と場合に合わせ、栄養、経済、時間、労力を考えた献立、身近に入手できる材料を用いること、食数によって調味料の適量が微妙に変化する味つけ、そして手順よく運ぶための合理的な働き方にあると思います。この本では以上のような団体食のこつも含めた調理法をお伝えしたいと思います。

大勢の人が関わって仕事をすることで、めいめいがもっている知恵と工夫をしぜんに学び合い、ひと仕事終えるころには、親しい交わりの場が生まれることを経験してきました。協力してできる仕事の楽しさを知ることは、私どもに与えられる大きな宝です。

長い歴史の中で、心をこめて積み重ねてまいりました各地友の会の労作の実りを、皆さまのお役にたてて頂けましたら、幸いでございます。

二〇〇〇年五月

全国友の会

目次

おもてなしのメニュー

もてなしにも夕食にも

高齢者へのおべんとう

幼児のお昼ごはん

大量調理を成功させるこつ

家庭や地域などで、いつもより大勢のための料理をしなくてはならないときがあります。例えば、内輪でする婚約式や長寿のお祝いなど、おめでたいことを寿ぐ日、法事で親戚縁者が集まるとき、近隣で炊き出しをするとき、遠方からの来客をもてなすときなど。出前の仕出し料理を頼んでしまえば簡単ですが、できることなら「家庭の味」で食卓を囲みたいと思うとき、ふだんしつけていない人は、どうしたらよいか、戸惑ってしまうことでしょう。

献立は、調理法や味つけが重ならないように気をつけながら、つくり慣れたレシピから選ぶほうが安全です。前日に用意できるもの、時間がたっても味の変わらないものも組みこみます。おべんとう仕立てにする場合は、汁けの多い料理は避けましょう。

また、オーブン料理は大量調理向き。コンロ以外に火口が一つ増えるので、大いに利用したいものです。おでんなどの汁けの多いものも、ある程度加熱したら、オーブン（120〜150℃）に入れて仕上げることもできます。盛りつける食器を温めるときも便利です。

次に、多人数料理をするときの調理や分量の割り出し方など、成功させるこつとヒントを掲げました。

●材料、調味料は正確に計算、計量する

材料や調味料の計量をきちんとすることは、多人数料理の原則です。扱う量が多ければ多いほど、秤を使って正確に。この本のレシピの分量は、ほとんどが10人分で表記されていますが、掲載の分量より多くつくる場合、材料は人数倍にします。調味料も基本的には人数倍でよいのですが、わずかな量でも仕上がりの味に大きく影響する、塩分のある調味料（塩、醬油、味噌など）については、ことに注意が必要です。左頁の調味％を覚え、塩分量の確認をしましょう。

●調味料は2〜3回に分けて加える

味は足すことはできても、濃くつけすぎてから薄めることはできません。大量調理の場合、調味料は全て、計算して割り出した規定量を一気に使用せず、初め控えめに70〜80％を加え、途中味をみてととのえます。

特に塩分は、100食以上になると、塩味が増長されるので、気をつけます。ハンバーグなどの焼きものは、途中味を確かめられませんが、その場合は初めの塩分計算をしっかりし、調味料をまぜこむときは、材料を等分に小分けにしたところへ同じく小分けにした調味料を加える方がよいでしょう。

●煮ものは控えめの水分と落とし蓋で

小人数分なら、材料の重さの半分の水分（材料のひたひた）を加えるのが基本。けれどもたくさんの量を煮る場合は、材料から出る水分が多いのに蒸発量は少ないため、煮上がった時点で汁けがかなり残っていることがあります。

レシピの水分表示のおよそ7割の水分で煮始めますが、鍋の口径、材料の切り方、火加減によって異なります。また、季節によって野菜に含まれる水分量が違いますので、様子をみながら対処します。煮汁が全体にいき渡るように必ず落とし蓋をします。

●大量だからこそ
素材の下ごしらえはていねいに

下茹での効用

〈炒めものの場合〉例えばキャベツ、人参、ピーマンをソテーするとき、人参、ピーマンは固茹でにしておきます。キャベツだけを生から炒め、95％くらい加熱したところへ人参、ピーマンを加えると、水っぽさもなく、色よくしかも短時間で仕上がります。分量が多くなるほど、このような下茹での効果は大きいものです。

〈煮ものの場合〉野菜類をあらかじめ下茹でしてから調味液で煮ると、水けが出ず、味が薄まりません。

切り方を揃える

火の回り、味つけが均一になるように、切り方を揃え、一人分の食材の分量が同じになるように工夫します。

《例》じゃが芋を一切れ20gに切るために、洗った時点で大・中・小に分け、切り方を8〜6切れ、5切れ、4切れとすると、だいたい同じ大きさになります。

●野菜は小分けして茹でる

もやしや青菜類は、大鍋で一度にたくさん茹でると全部に火が通るまでに柔らかくなりすぎるので、適量ずつに分けて茹でます。多人数分でも、小人数のときと変わらないやり方の方がよい場合もあります。

●「だし」はおいしさの決めて

だしやスープは天然のものを使い、時間をかけて、ていねいにとっておきます。

和風だしは、昆布、削り節、煮干し（だしをとった後の昆布は醤油煮にし、箸やすめに）から、野菜だしは、香味野菜と香草で、洋風・中華だしは、鶏がらと牛すじでとります。

スープストックは寸胴鍋一つでとると、量が多いのでよい味が出ます。

●火加減に気をつける

煮ものは、はじめ強火、煮立ったら中火にし、あくはていねいにすくい、弱火でじっくり煮ます。野菜の炒めものは強火で、など、料理によって火加減に充分な心くばりをします。

●大量調理におこりがちな煮くずれを防ぐためには

・材料がおどらないよう、落とし蓋をします。

・材料の切り方を揃えます。複数の人で切る場合は、見本の大きさに忠実に。繊維の方向にも注意して。

・材料を重ね過ぎてもいけません。鍋の大きさと煮るものの量の兼ね合いも大切です。鍋の表面積が狭いと、下の方は材料の重みでつぶれてしまいます。

・甘味（砂糖）と同時に、塩味もつけてしまうと、組織がこわれず、煮くずれしにくくなります。

●余熱の調理時間を考慮して

煮もの、茹でものなどは、少量つくる家庭用に比べると、かなりの余熱作用があるので、それを見こんで加熱時間を考えます。

・スパゲッティの場合　茹で時間は標準の⅔くらい。余熱で麺がのびるので、1～1.5㎜の芯が残る程度がちょうどよい加減です。

・ポテトサラダなどのじゃが芋は八分通り火を通し、余熱で仕上げます。

ちょうどよい塩分量の確認

料理には、多くの人がおいしいと感じる調味の割合があります。これを％で表したものが調味％です。塩分の味つけには、料理の調理法や種類によって、0.6～３％と幅があります。人数倍した材料の重さから、下の表と計算の仕方を参考に、塩分量を算出することができます。

調味料の塩分を計算するには

❶材料の正味の重さを計ります
（汁ものや汁けの多い煮ものなら液体の重さを）。
❷計算式　材料の重さ（g）×調味％＝塩分の重さ（g）
〈例〉500gの材料に塩分0.8％の味つけをするときの計算式は
500g×0.008＝４g（塩小匙4/5）となります。

塩分の量を知りましょう

材料100gに対し塩分１％は塩１g

塩１gは

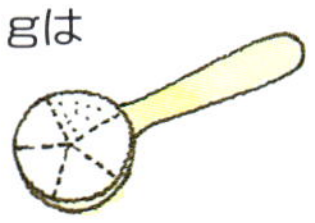

- 塩　１g＝小匙1/5
- 醤油６g＝小匙１（大匙1/3）
- 味噌９g＝小匙１1/2（大匙1/2）
（味噌の塩分は重さの約10％として）
- 固形スープの素　約1/2個

〈塩を醤油におきかえるとき〉
塩（g）×６＝醤油の重さ（g）
塩のかさ×５＝醤油のかさ

調理法ごとの塩分の目安

		塩分	材料	
汁もの		0.6％	だし スープ　200cc	塩で1.2g＝小匙1/4 醤油で7.2g＝小匙１1/5 味噌で16g＝大匙１弱
ご飯もの		0.6％	ご飯400g＝米1c（160g）	塩で約2.5g＝小匙1/2 醤油で15g＝小匙２1/2
砂糖の入らない料理・魚や肉の切り身にふる塩		0.8～１％	豚の切り身（ポークソテー） 80gを4枚　320g	塩で2.5g＝小匙1/2
炒めもの		１％	材料500g	塩５g＝小匙１
煮もの	野菜	1.5％	材料500g （炒りどり・里芋の煮つけ）	塩で7.5g＝小匙１1/2 醤油で45g＝大匙２1/2 砂糖　材料の２％
	魚	２％	魚の煮つけ 切り身1切れ100g	醤油12g＝小匙２ 砂糖　醤油のかさの1/3
	乾物（常備菜）	２％	ひじき もどして300g	醤油36g＝大匙２ 砂糖　醤油のかさの1/3
漬けもの		２～３％	即席漬け 材料500g	塩10g＝小匙２

＊香辛料類は好みのものですが、小人数の材料表では「少々」でよくても、多人数になると見当がつかなくなります。醤油は100滴が小匙に１杯です。胡椒は、１人0.02～0.05gが標準とされ、100人で小匙１（３g）がめやすです。赤唐辛子も、100人をこすときは１人1/25本くらいが一般的な量。ベイリーフは、白色（クリーム系）の煮こみで１人1/10～1/15枚といったところでしょう。

グループで多人数調理をするとき

時間にも気持ちにも余裕をもって タイミング（手順）よく仕事が進むように みんなが心を合わせてたのしく

■1日に何をどれだけ摂ればよいでしょう〈表1〉

大阪友の会案（1999年）

成人女子30〜49歳（生活活動強度Ⅰ-やや低い）エネルギー1750kcal

表の数字は廃棄量を除いた正味の目方（単位・g）

1日に摂りたい食品の目安量

食品群 / 年代・性別	体の組織をつくる食品				体の調子を整える食品							エネルギー源となる食品		
	牛乳乳製品（チーズも含む）	卵	肉・魚	豆 豆製品（もどして）	野菜の合計	青菜	人参	その他の野菜	芋	海藻（もどして）	果物	穀類	油脂	砂糖
成人女子	210	50	110	80	400	（60	20	260	50	10）	100	240	15	20
成人男子	210	50	130	80	400	（60	20	260	50	10）	100	350	20	20
高校生（16歳）	400	50	男140 女120	80	450	（60	20	260	100	10）	100	男430 女280	25	25
中学生（13歳）	400	50	男150 女130	80	450	（60	20	260	100	10）	100	男370 女310	25	25
小学生 高学年（10歳）	400	50	男140 女130	80	400	（60	20	260	50	10）	100	男260 女230	20	25
小学生 低学年（7歳）	400	50	100	70	270	（40	20	150	50	10）	100	男220 女190	20	20
幼児（4歳）	400	50	60	45	210	（40	10	105	50	5）	80	160	15	15
幼児（2歳）	400	50	50	35	170	（30	10	77	50	3）	70	100	10	10
高年（70歳）	210	50	男130 女110	80	400	（60	20	260	50	10）	100	男210 女160	男15 女10	20

＊豆・豆製品のうち10gは味噌でとる

多人数料理も30人以上、50人、100人となると、やはりそれなりの人手（組織）と準備が必要です。手順や心がまえを、団体食づくりでは長い歴史と経験のある「大阪友の会」にききました。

多人数料理づくりはチームワークでする仕事です。大勢の方に召し上がっていただくために、細心の注意を払いながら、心をこめてつくらせていただきます。

献立を立てること、味、色合い、つくり方、手順、費用のことなどを勉強することができます。

またレパートリーも広がり、家庭料理づくりの向上と共に、本当の意味での豊かな食生活にもつながっていくのだと思います。

●献立を立てて係を決める

①集まりの目的・対象者・食事人数・費用・場所・時間をはっきりさせます。

ここでリーダー・副リーダーを決め、実働できる人の確保（前日・当日）をします。

②1人1日の年代別栄養所要量を下地に考えた1日に摂りたい食品の目安量（表1）にそって、この量の三分の一が、できるだけ一食の中に組みこまれるように、食品数・栄養バランス・調理法・味のとり合わせなどを考えます。

③献立案が立ったら、新しい料理の場合は、つくって試食します。味やくみ合わせの調整をし、5人分、10人分など、分かりやすく、使いやすい人数分を1セットとして、レシピをつくり、献立カード（表2）に書きこみます。

④献立が決定したら

仕入れ、会計、調理、配膳係など、各担当者を決め、最後まで責任をもってもらいます。担当者は全体を考えて、当日までのスケジュールを決め、できるだけ先手仕事で準備をします。予約発注係は、材料の分量と調味料の計算をします（9頁参照）。

●調理する場所・器具・食器の用意

コンロや鍋、器具などの数が揃っている調理室が必要です。厨房つきの会場を借りることも考えなければなりません。その場合、必ず担当者数人で下見をしておきます。

■献立カード〈表2〉

煮こみハンバーグ(10人分)　　大阪友の会

材料	分量
合挽肉	500g
卵	1個
玉葱（みじん切り）	400g
バター	大匙1
人参（すりおろす）	50g
パン粉	30g
牛乳	1/2カップ
塩	小匙1
醤油	小匙1
胡椒	少々
小麦粉	適宜
揚げ油	〃
水	2カップ
醤油	大匙1 1/2
塩	小匙1
砂糖	大匙1
酒	大匙3
トマトケチャップ	大匙3
つけ合わせ	
じゃが芋	300g
玉葱	300g
人参	150g
ブロッコリー	200g

1 合挽肉、卵、バターで炒めた玉葱(冷ましたもの)、すりおろし人参、パン粉、牛乳、塩、醤油、胡椒を合わせ、よくまぜておく。
2 1を20個に分け、小判型にし、真ん中を少しくぼませる。
3 かるく小麦粉をつけて、油でこんがり色よく揚げる(中まで火が通らなくてもよい)。
4 水と調味料を合わせ、煮立てた中へ3を入れる。つけ合わせの玉葱(くし型・1人1切れ)、人参(乱切り・1人1切れ)も一緒に入れて煮こむ。
5 乱切りにしたじゃが芋を素揚げし、4に入れ、さらに煮汁がなくなる位まで煮こみ、味をととのえる。

盛りつけ
塩茹でしたブロッコリーを添える。
じゃが芋は煮こまずに添えてもよい。

●ハンバーグは鍋にひと並べにするので、10人分ずつつくった方が煮くずれせず、盛りつけやすい。

野菜の甘酢漬け(10人分)

材料	分量
キャベツ・蕪又は大根・胡瓜・人参	合わせて500g
生姜	1片
塩	小匙2（材料の2％）
砂糖	大匙2
酢	大匙4

1 野菜は薄い短冊切りにして塩をふり、軽い重石をして一晩おく。
2 ざるにとり、水きりをして(しぼらない)、砂糖と酢をまぜ、漬けこむ。
3 生姜は細い針生姜にして一緒に漬けこむ。

調理場のみの確保なら、できた料理を食事場所まで運ぶ人手と、移動手段(車)の手配もします。

手持ちの器具・食器・おべんとうケースなどもチェックし、不足のものの補充をどうするかも考えます。

●調理をスムーズに運ぶために

・調理台、ガス台の使い方と分担を決めておきます。

・便利な器具は大いに活用することです(ピーラー・スライサー・タイマー・温度計・フードプロセッサー・ミキサー・バットなど)。

・数日前・前日・当日する手順の確認を。

●材料の仕入れ

・食材・容器などは、まとめ買いすることで安価になりますから、卸売市場を利用したり、安心な懇意の業者に依頼します。

・生鮮食品は素材選びを念入りにし、購入先を決め、発注したり、直接買いに行くようにします。また、仕入れてからの保管場所、保管の仕方にも注意します。

●衛生面には特に注意!

・食中毒をおこす細菌のほとんどは熱に弱いので、加熱殺菌が最も効果的です。

・調理室に入る人たちの身支度はきちっとします。エプロン・三角巾・マスクの着用。爪は短く切り、装身具をはずし、髪の毛は三角巾の中からはみ出さないようにします。

・洗浄・殺菌作用のある石鹸液で手を洗います。

・魚肉などの生ものにさわったらその都度必ず、器具と手を洗います。

・手指に傷がある人は、ビニール手袋をします。それでも、加熱せずに直接口に入れるものの調理、調理済みの魚肉を切る、盛りつけなどの作業はしないようにします。

・調理器具の殺菌消毒(特に調理にとりかかる前に包丁、まな板の熱気消毒)を完全に。

・布巾・台拭きは煮洗いし、アイロンをかけたものを使用のこと。
・食器類も使用後洗ってから熱気消毒し、乾燥させて収納します。

●前日にすること

・材料別に仕分けと分量の確認をし、冷蔵庫など、適温の場所に保管しておきます。
・必要な器具を揃えます。
・カレー・シチューなどの煮こみものや、味の濃い常備菜は八分通りつくっておき、雑菌がつかないようにして、適温の場所に保管します。
・パンが主食の場合は、前日に焼き上げておきます。前日できないときは、都合のよい日に焼き、冷凍しておきます（期間は2～3日以内）。
・奈良漬け、味噌漬けなどは、味の変化が少ないので、切って、数を揃え並べておきます。
・素材の下ごしらえをします。
【野菜類】洗う、皮をむく、刻む、水に放す、下茹でをする、揚げる（煮くずれ防止）など。

【肉】下味をつけておきます。

【魚】下ごしらえをして下味をつけます。

【乾物】もどしておきます。煮てもよいものは調理しておきます。

以上下ごしらえしたものは、細菌がつかないようにラップをするか蓋つき容器に入れ、適温の場所に保管します。

●盛りつけは数も分量も正確に

・盛りつけ図を大きな紙に描き、貼っておきます。盛りつけ順序も決めておくとよいでしょう。
・食事人数と同じ数の食器、ケースなどの準備を完全に。
・味うつりを防ぐためのしきりにする葉蘭、仕切り用ケースなどの用意。
・温かい料理は温かくお出しするため、食器を熱湯で温めておくなど、冷めない工夫を。
・冷たい料理は寸前まで冷蔵庫へ入れておきます。
・ご飯は1人分ずつ計って盛りつけます。
・おべんとうのときは、入れ忘れのないように、ケースをセットしておきます。
・最後につけ忘れ、入れ忘れがないか点検します。

●後片付けの仕方にも配慮を

係はあらかじめ回収場所に生ごみ入れ、不燃物入れ、使い捨て布やゴムべら、洗剤、スポンジなどを用意しておきます。
・食器類は、使い捨て布、ゴムべらで汚れを落としてから洗います。できるだけ洗剤を使わずに洗う工夫をしましょう。
・鍋類には煮汁を残さないように心がけます。
・生ごみの野菜屑はできるだけ堆肥に利用するようにします。

◆多人数で仕事をすると、気持ちが高揚しがち。なにかが突発的におきたときや、時間までに間に合いそうもなくなってきたときなどには、対処に気をつける。気持ちを落ち着けてパニック状態にならないように。
◆火傷やけがに注意　大量の素材を扱っていると、一瞬の不注意が思わぬ事故につながるので、余計なおしゃべりはせず、集中して作業すること。
扱う器具も家庭用とは違うので、操作は慣れた人によくきいてから。鍋やボウルでも重量があるので、持ち運びの際、自分の足の上に落とさないように。

一汁一菜のシンプルメニュー

各地友の会の「例会」の日の食堂メニュー22例。
１食２５０円～４００円でできる昼食です。
グループ調理でたくさんつくるから安く、おいしくできます。
つくり手も一緒にテーブルを囲んで、
なごやかに、たのしくいただくから、さらにおいしい。
毎日の食卓にも、忙しい人のまとめ調理にも、すぐに役立つ料理です。
この「例会食」が始まったいきさつや、どのようにととのえるか、
人の働き方などについては、60頁をごらんください。

おからのコロッケの献立

おから、ごぼう、ヨーグルトとからだによい素材を使った春向きの献立です。
パンは前日準備のときに焼き上げておきます。

SPRING

●MENU●
ソフトヨーグルトパン
ごぼうのスープ
おからのコロッケ
コーヒーゼリー

ソフトヨーグルトパン

❶パンづくりの基本の要領で、イースト、砂糖、塩に人肌に温めた水をまぜ、粉、ヨーグルト、バターの順に加えて15分間よくこねます。こね上がり温度28℃～30℃。
❷生地を丸めてボウルに入れ、ラップをかけて、約30～40分第1次発酵させます。
❸ふくらんだ生地を台の上に出し、手でかるく押し、ガスぬきして4分割します。
❹きれいに丸め、乾いた布をかけてベンチタイム（10分）をとります。
❺生地をてのひらでかるくたたいてつぶし、麺棒で約18×24㎝の楕円形にします。両手で手前から巻き、終わりはしっかりとじます。
❻上新粉をまぶして、オーブンシートをしいた天板に2本ずつとじ目を下にして並べ、乾いた布をかぶせて40分仕上げ発酵させます。中央にナイフでクープを1本ずつ入れます。
❼180℃に熱したオーブンに入れ、約15～20分焼きます。1本を4～5人でいただきます。
＊手でこねるときはこの半量が扱いやすい。

ごぼうのスープ

❶ごぼうと人参は3㎝長さのせん切りにし、ごぼうは酢水につけておきます。玉葱は薄切り、ベーコンは細かく切ります。
❷鍋にバターをとかし、ベーコンと玉葱を炒めます。次に水をきったごぼうと人参を炒め、小麦粉をふりかけます。
❸水とスープの素を入れ、具が柔らかくなるまで煮ます。
❹牛乳を入れ、塩、胡椒で味をととのえ火を止めます。生クリームを加え、みじん切りのパセリをふりかけます。

おからのコロッケ

❶おからをから煎りします。その中にAのだしと調味料を入れてまぜます。
❷じゃが芋は皮をむいて乱切りにし、塩茹で

材料

●ソフトヨーグルトパン(4本分)	
強力粉	600g
ドライイースト	12g
砂糖	50g
塩	10g
水	270cc
プレーンヨーグルト	150cc
バター	50g
上新粉	適宜
●ごぼうのスープ(10人分)	
ごぼう	200g
酢水(ごぼうのあくぬき用)	適量
人参	50g
玉葱	250g
ベーコン(薄切り)	2½枚
バター	大匙1⅓
小麦粉	大匙3½
┌水	700cc
└固形スープの素	2½個
牛乳	750cc
塩	小匙1
胡椒	少々
生クリーム	大匙2½
パセリ	適宜
●おからのコロッケ(10個分)	
おから	150g
A ┌だし	90cc
│醤油	大匙2
│砂糖	大匙1
└塩	小匙1/6
じゃが芋	200g
豚挽肉	120g
玉葱	120g
人参	120g
サラダ油	大匙1
塩	小匙1弱
胡椒	少々
小麦粉	適宜
卵	2個
パン粉	約2カップ
揚げ油	適宜
●コーヒーゼリー(10人分)	
水	800cc
粉寒天(棒寒天1本分と同量)	3g
インスタントコーヒー	大匙4
砂糖	140g
┌粉ゼラチン	大匙1
└水	大匙3
生クリーム	50cc

にしてつぶします。

❸みじん切りにした玉葱、人参、挽肉を炒め、塩、胡椒します。そこに❶、❷を全部加えて合わせ、10等分に分け、俵型にまとめます。

❹粉、とき卵、パン粉をつけて中温の油で揚げます。

＊分量が多いときは、❸のたねをバットに平らに広げ、筋をつけて等分に分けます。

＊せん切りキャベツ、茹でブロッコリー、ミニトマト、レモンなどを適量添えます。ウスターソースなどで。

コーヒーゼリー

❶ゼラチンは分量の水でふやかしておきます。

❷水に粉寒天をふり入れて火にかけ、沸騰するまでかきまぜます。沸騰してきたら3分間静かに沸騰させつづけます。

❸砂糖、インスタントコーヒーを入れます(コーヒーを入れたらあまり長く煮立たせない)。

❹火を止めてゼラチンを入れ、よくまぜます。

❺器か型に流し、冷やし固めます。

❻泡立てた生クリームをのせるか、しぼり出します。

＊寒天が入ることで、常温でも固まりやすくなり、ゼラチンだけのときの食感とは違った味わいがもてる、団体食向きのゼリーです。

■高崎友の会

＊全員でパンが焼けるようにと、パン食の献立にしています。

＊80食を7～8人でつくります。

近江ご飯と豚汁

特産の近江生姜を炊きこんだ味つけご飯と、根菜たっぷりの汁ものです。青菜の和えもの、食後には紅茶羹をつけました。

材料

●近江ご飯（10人分）	
米	5カップ
だし	5カップ
酒	大匙5
薄口醤油	大匙2½
塩	小匙2⅓
油揚げ	1½枚
人参	80g
生姜	65g
さやえんどう	15枚
●豚汁（10人分）	
豚ロース薄切り肉	200g
大根・里芋	各250g
人参・ごぼう	各80g
こんにゃく	2/3枚
油揚げ	1½枚
サラダ油	小匙2
だし	8½カップ
味噌	110g
長葱	1本
柚子の皮	1/2個分
●小松菜と納豆の辛子醤油（10人分）	
小松菜	400g
納豆（小）	2パック
┌だし	大匙1½
│薄口醤油	大匙1½
│みりん	小匙1½
└とき辛子	小匙2/3
●紅茶羹（13.5×16.5cmの流し缶1個・10人分）	
紅茶の葉	大匙3
熱湯	1½カップ
粉寒天	6g
水	450cc
砂糖	160g
レモン汁	大匙3
ブランデー	小匙1½
生クリーム	50cc

●MENU●

近江ご飯
豚汁
小松菜と納豆の辛子醤油
香のもの
紅茶羹

SPRING

近江ご飯

❶米は洗ってざるに上げておきます。

❷油揚げは油ぬきしてからごく細かいみじんに切っておきます。人参はごくごく細かい賽の目に切ります。

❸生姜は細切りにしてざるにとり、水を通してから水けをしぼります。

❹米に、だしと調味料を加え❷、❸を入れて炊き上げ、よくまぜておきます。

❺器に盛り、茹でて細く切ったさやえんどうをご飯の上にちらします。

豚汁

❶豚肉はひと口大に切ります。大根、人参は3㎜厚さのいちょう切り、里芋はひと口大に切ります。ごぼうは斜め切りにして水に放します。こんにゃくは塩でもみ、茹でてひと口大にします。油揚げは油ぬきして1.5㎝角に切ります。

❷鍋に油を熱し、豚肉を炒めたあと野菜類を炒め、油がまわったらだしをひたひたに入れ

て煮ます。

❸10分たったら味噌半量を入れ、野菜が柔らかくなってから残りのだしを入れ、煮立ったら残りの味噌を味をみながら入れます。

❹最後に小口切りの葱を放し、吸口にへぎ柚子をのせます。

小松菜と納豆の辛子醤油

❶小松菜は塩を加えた熱湯で茹で、水にとってしぼり、2〜3㎝長さに切ります。

❷だしと調味料を合わせ、小松菜と納豆を和えます。

紅茶羹

❶紅茶の葉に熱湯をそそぎ、蓋をして2分くらいおきます。

❷鍋に分量の水と粉寒天を入れてまぜ、しばらくおき、火にかけます。沸騰してから少し煮て、透明になったら砂糖を加えて完全に煮とかします。火からおろし、❶の紅茶を加え、あら熱をとってレモン汁、ブランデーを入れ、水でぬらした流し缶に入れ、冷やし固めます。

❸型から出して切り分け、器に盛って、かるく泡立てた生クリームをかけます。

■大津友の会

＊60食を8〜10人でつくります。

＊献立のバリエーション

汁ものは豆腐としめじの清汁、野菜の味噌椀、白身魚のくずたたき椀、和えものは菜の花、ほうれん草など。納豆のかわりに茹で豚の細切りとレモンをかけてもよいでしょう。

ドライカレーの決定版

ホームメイドのピクルスとチャツネ入りのドライカレー。
何度も試作して「これがおいしい！」という分量を出しました。
冷凍がききます。

●MENU●
ドライカレー
野菜の甘酢漬け
杏仁豆腐

SPRING

ドライカレー

❶米を洗って30分以上ざるに上げ、炊きます。
❷玉葱、セロリ、ピーマン、ピクルス、にんにくは全てみじん切りにします。
❸レーズンは洗って、鍋でから煎りしておきます。
❹鍋にバター（大匙1を残しておく）を熱し、玉葱をよく炒め、セロリ、ピーマン、にんにくを炒めます。
❺挽肉を入れて、色が変わり、パラパラになるまで炒めます。
❻ワインを加え、アルコール分をとばします。
❼カレー粉、トマト、固形スープの素、水、塩、チャツネ、ピクルス、レーズンを加え、かきまぜながら汁けがなくなるまで中火で煮ます。
❽最後に残りのバターを加えて味をととのえます。ご飯と一緒に盛りつけます。
＊好みで、細かく切った青じそをご飯の上にちらしてもよいでしょう。

チャツネ

❶りんごは芯をとっていちょう切りにします。生姜、にんにくは薄切り、レーズンはぬるま湯でもどしておきます。
❷材料全てをまぜ合わせ、弱火で汁けがなくなるまで約1時間煮ます。
＊1か月くらいおくと味がなじんできます。常温で1年以上おけます。

胡瓜のピクルス

❶胡瓜はまっすぐのものを選び、瓶に合わせた長さに切ります。
❷塩（分量外）をまぶし、なじませます。
❸ボウルに胡瓜と、材料がかぶる程度の水を入れ、半日おきます。水をきり、熱湯にさっとくぐらせて冷まします。
❹つけ汁を煮立てて冷ましておきます。
❺胡瓜を瓶に入れて、つけ汁を上から注ぎます。
❻きれいなガーゼなどを瓶の直径くらいに切ってかぶせ、胡瓜が浮き上がるのを防ぎます。2日目から食べられますが、1週間経つとおいしくなります。

野菜の甘酢漬け

❶キャベツは1.5㎝×3㎝に切ります。セロリは3㎝長さの短冊切り、胡瓜は3㎜厚さの輪切り（太めの胡瓜は半分にして）、蕪は半分にして3㎜くらいの薄切り、ピーマンは種をと

材料

●ドライカレー（10人分）	
合挽肉	600ｇ
玉葱	700ｇ（7〜8個）
セロリ	200ｇ（2本）
ピーマン	100ｇ（3個）
胡瓜のピクルス	50ｇ（つくり方あり）
にんにく（みじん切り）	大匙2
レーズン	70ｇ（約大匙5）
バター	70ｇ
ワイン（赤）	大匙2
カレー粉	大匙3
トマト水煮缶	1缶（400ｇ）
固形スープの素	2個
水	2カップ
塩	小匙2
チャツネ	大匙2（つくり方あり）
米	1人80ｇ（炊き上がり180ｇ）
チャツネ（1単位）	
りんご（紅玉、国光など）	2個
生姜	2片
にんにく（好みで）	1片〜1玉
レーズン	1カップ
黒砂糖	2カップ
酢	1½カップ
塩	小匙1/2
チリパウダー（または粉唐辛子）	小匙1/5
胡瓜のピクルス（1単位）	
胡瓜	（1本80〜100ｇ）4〜5本
塩	胡瓜の5〜10％
つけ汁	
酢	3/4カップ
水	3/4カップ
砂糖	大匙5
塩	大匙1/2
粒クローブ	5粒
粒胡椒	10粒
ベイリーフ	1〜2枚
赤唐辛子	1本
にんにく	1粒そのまま
ローズマリー	5cm1本

●野菜の甘酢漬け（10人分）		
キャベツ	200ｇ	合わせて500ｇ
セロリ	1本	
胡瓜	1本	
蕪	2個	
赤ピーマン	各1/2個	
黄ピーマン		
塩	小匙2（材料の2％）	
甘酢		
サラダ油	大匙2	
酢	大匙4	
砂糖	大匙4	
塩	小匙1	
赤唐辛子（種をとる）	小1本	
ベイリーフ	1枚	

●杏仁豆腐（10人分）	
棒寒天	1本
水	3カップ
砂糖	1カップ
牛乳	1カップ
アーモンドエッセンス	小匙1/5
くだもの	好みのもの適量
シロップ	
砂糖	1カップ
水	1カップ

り、３㎝長さの細切りにします。

❷野菜を塩でかるくもみ、20分ほどおきます。

❸小鍋に調味料と香辛料を全部合わせて煮立たせ、水けをしぼった野菜にかけます。

■杏仁《あんにん》豆《どう》腐《ふ》

❶寒天は水でつかみ洗いし、分量の水にちぎり入れ、煮とかして漉します。

❷鍋に漉した寒天液を入れ、砂糖を加えて弱火にかけ、溶きまぜます。

❸牛乳を加えてあら熱をとり、アーモンドエッセンスを加え、水でぬらしたバットに流し入れて、冷蔵庫で冷やします。

❹砂糖と水を煮とかしてシロップをつくり、冷やしておきます。

❺牛乳羹が固まったら菱形に切って器に盛り、シロップをかけ、フルーツをあしらいます。

■静岡友の会

＊ご飯は当日朝、ガス釜で炊きます。ドライカレーの野菜は洗って大きく切り、フードプロセッサーで刻みます。

＊40食を6〜7人でつくります。

山菜を使って旬の味を

季節感を大切に、栄養面も考慮して献立を立てています。山菜が出始めるころのお惣菜です。

●MENU●
ご飯
若竹汁
小判つくね
わらびと蕗の煮もの
野菜の一夜漬け
白いんげんの甘煮

若竹汁

❶ひめ筍は熱湯でさっと煮て、薄く斜め切りにします。わかめはもどして、固いところをとり、2~3㎝くらいに揃えて切り、さっと湯にくぐらせ、水にとります。
❷だしに調味して清汁を仕立てます。
❸ひめ筍、わかめをお椀に盛って、清汁をはり、木の芽を浮かせます。

小判つくね

❶鶏挽肉、玉葱、卵をよくこねてから、調味料と片栗粉を入れ、さらによくまぜます。
❷1人30g見当を2個ずつ小判形にし、油で両面を少し焦げ目がつくくらいに焼きます。
❸Aのだしと調味料を鍋に入れ、煮立たせたところへつくねを入れて7~8分煮こみ、倍量の水でといた片栗粉でとろみをつけます。

＊大人数分つくるときは、前日に味を含ませ、当日温め直してとろみをつけるとよいでしょう。
＊50食つくるときは、直径30㎝の鍋（無水鍋の蓋を使用）2個で2人がかりでします。

わらびと蕗の煮もの

❶わらび、蕗は4㎝長さに切り、人参、こんにゃくも同じ長さの短冊に切ります。
❷材料全てを油で炒め、だしで煮ます。
❸砂糖、みりんで味をつけてから、醤油、塩で味をととのえます。

野菜の一夜漬け

❶キャベツは2~3㎝の角切り、大根と人参は短冊切り、胡瓜は3㎜くらいの小口切り、生姜はせん切りにします。
❷野菜の重さの2%の塩をまぶしてさっともみ、だしを加えてまぜ、ひと晩おきます。

白いんげんの甘煮

❶白いんげんは、ひと晩約3倍の水につけておきます。充分ふくらんだら、そのまま火にかけます。
❷煮立つまでは中火の弱、あとは弱火にします。2回水をとりかえたら、水をひたひたにし、落とし蓋をして柔らかくなるまで、弱火で約2時間煮ます。
❸砂糖は二度に分けて入れ、よく溶けたら塩を入れて仕上げます。ひと晩おくと味よくなります。

■盛岡友の会

＊50食を7人でつくります。
＊ご飯は10人分で1.8㎏。米で1人80g。

SPRING

材料	
●若竹汁（10人分）	
ひめ筍	50ｇ
わかめ（乾）	30ｇ
清汁	
だし	10カップ
水	10½カップ
昆布	30ｇ（7cm角3枚）
削り節	50ｇ
塩	小匙1½（7.5ｇ）
醤油	小匙1½（9ｇ）
酒	小匙1½（7.5ｇ）
木の芽	10枚
●小判つくね（10人分）	
鶏挽肉	600ｇ
玉葱（みじん切り）	200ｇ
卵	1個（60ｇ）
醤油	大匙2
砂糖	小匙2
酒	大匙2
みりん	大匙2
片栗粉	大匙2
サラダ油	大匙2
A　だし	1½カップ
醤油	大匙3
みりん	大匙2
酒	大匙2
砂糖	大匙2
片栗粉	小匙4
●わらびと蕗の煮もの（10人分）	
わらび（茹でたもの）	400ｇ
蕗（茹でたもの）	200ｇ
人参	50ｇ
こんにゃく（白）	110ｇ
ちりめんじゃこ	40ｇ
サラダ油	小匙1
だし	2カップ
砂糖	小匙4
みりん	小匙4
醤油	大匙1
塩	小匙1
●野菜の一夜漬け（10人分）	
キャベツ	350ｇ
大根	150ｇ
胡瓜	100ｇ
人参	40ｇ
生姜	20ｇ
塩	小匙2⅗
だし	大匙1
●白いんげんの甘煮（10人分）	
白いんげん豆（乾）	100ｇ
砂糖	80ｇ
塩	小匙1/4

筑前ちらしとかきたま汁

鶏肉、ごぼう、人参など、火を通した具を酢めしにまぜ合わせる簡単ちらし。気軽につくれるので「もちより」の集まりにも向きます。

●MENU●
筑前ちらし
かきたま汁
野菜の即席漬け
梅酒ゼリー

SPRING

筑前ちらし

❶米をといでざるに上げておきます。
❷鶏肉は細かく切ります。ごぼうは細いささがきにして水に放します。干し椎茸はもどしてせん切り、人参もせん切りにします。
❸鍋に油を熱して鶏肉を炒め、色が変わったら酒をふり、ごぼう、椎茸、人参を加えて炒めます。椎茸のもどし汁、だし、みりん、砂糖を入れて少し煮、塩、醤油を加えます。人参に火が通ったら強火にして汁けをとばし、煮汁が少し残っているくらいで火を止め、具をざるにあけます。煮汁はとっておきます。
❹薄焼き卵をきれいに焼き、細く切ります。
❺ご飯を炊いて蒸らし、飯台にあけます。合わせ酢を温めてご飯にかけ、しゃもじで広げるようにまぜ、人肌に冷まします。
❻すし飯に❸の具をふり入れ、煮汁も大匙2ほど加えてよくまぜます。
❼器に盛ってもみ海苔をちらし、錦糸卵を盛り、青じそや木の芽など青みを添えます。

かきたま汁

❶だしをとります。
❷だしを温め、塩、醤油で味をととのえて水どき片栗粉でとろみをつけたところへ、割りほぐした卵を流し入れて、箸数本でかきまぜます。
❸椀に盛って季節の吸口を浮かせます。

野菜の即席漬け

❶キャベツはざく切り、人参は短冊切り、蕪は薄切り、胡瓜は斜め薄切りにします。
❷野菜類を塩でよくもみ、ひと晩おきます。

梅酒ゼリー

❶粉寒天は分量の水とともに鍋に入れ、しばらくおきます。
❷鍋を火にかけ、煮立ったら砂糖を加え、泡を立てないようにかきまぜながら、3分くらい煮とかします。
❸梅酒を加え、火を止めます。
❹水でぬらした型に流し入れ、冷水または冷蔵庫で冷やし固めます。
＊砂糖の量は、梅酒の甘さによって加減してください。

■土浦友の会
＊75食を10人でつくります。

材料

●筑前ちらし(10人分)

米	5カップ
┌水	5カップ
│昆布	20cm
└酒	大匙1強
┌酢	70cc
│砂糖	大匙3
└塩	小匙2強
具	
┌鶏もも肉	300g
│ごぼう	150g
│干し椎茸	6枚
└人参	150g
サラダ油	大匙1½
酒	大匙1
椎茸のもどし汁┐合わせて	
だし ┘200cc	
みりん	大匙3弱
砂糖	大匙2¼
塩	小匙3/4
薄口醬油	大匙1
┌卵	3個
│塩	小匙2/5
└砂糖	小匙2
もみ海苔・青じそ(木の芽)	適宜

●かきたま汁(10人分)

だし	7½カップ
┌水	8カップ
│昆布	20g(7cm角2枚)
└削り節	30g
塩	小匙1⅕
醬油	小匙2
┌片栗粉	大匙1
└水	大匙3
卵	3個
季節の吸口	適宜

●野菜の即席漬け(1単位・10人分)

キャベツ┐	
人参(さっと茹でる)│	全部で700g
蕪│	
胡瓜┘	
塩	大匙1弱(材料の2%)

●梅酒ゼリー(1単位・プリン型7～8個分)

粉寒天	3g
水	400cc
砂糖	50g
梅酒	100cc

ていねいにつくるチキンカレー

玉葱とにんにく、生姜をゆっくり色づくまで炒めるのが、こくのあるカレールウをつくるポイントです。

手づくりの福神漬け、デザートにはシャーベットを添えました。

チキンカレー

❶米を洗ってざるに上げ、水加減して炊きます。

❷玉葱、にんにく、生姜をみじん切りにします。厚手の鍋にバターと油を熱し、先に玉葱をさっと炒めてからにんにく、生姜を入れて30分くらい、濃いきつね色になるまで炒めます。

❸油を足して粉を加え、4～5分炒めてからカレー粉をふり入れ、香りが出たらぬるま湯を加えて泡立て器でかきまぜ、火にかけて木しゃもじで煮立つまでよくまぜます。

❹りんごと人参のすりおろし、チャツネも加えて40～50分中火の弱で煮こみます。焦げつかせないようにときどきまぜます。

❺鶏は４㎝角に切り、塩、胡椒して、油できつね色になるまで炒め、❹のソースの中に入れます。

●MENU●

チキンカレー
福神漬け
野菜のピクルス
シャーベット2種
レモン・ペパーミント

SUMMER

❻玉葱はくし形に切り、鶏を焼いたあとのフライパンでさっと炒めてから、ソースに加えます。スープの素、ウスターソース、塩を入れ、さらに20分くらい煮ます。好みで、白ワインなどを加えて味をととのえます。

❼ご飯と盛りつけ、福神漬けを添えます。

＊時間を短縮したいときは、❷の玉葱は大匙1の油をふりかけてラップをかけず、電子レンジで2分加熱。途中でまぜて再度2分加熱してから炒めるとよい。

＊火を止めて、最低でも30分ほどおくと味がなじんでおいしくなる。

＊好みでカレー粉・レモン汁・フレッシュバター を追加してもよい。

材料

●チキンカレー（10〜12人分）	
玉葱	400g
にんにく	小2片
生姜	50g
バター	50g
サラダ油	大匙3
サラダ油	大匙4
小麦粉	1カップ
カレー粉（2〜3種合わせて）	大匙4
ぬるま湯	10カップ
りんご	小2個
人参	100g
チャツネ	大匙2（つくり方あり）
鶏もも肉	1kg
塩	鶏肉の1〜1.5%
胡椒	少々
サラダ油	大匙2
玉葱	400g
固形スープの素	4個
ウスターソース	大匙4
塩	大匙1½〜2
米は1人90g（炊き上がり200g）	

チャツネ（1単位・でき上がり約700g）	
りんご	中2個（かたいもの）
にんにく	1玉
生姜	40g
レモン	1個
赤ざらめ	2カップ（340g）
レーズン	1カップ（110g）
酢	1½カップ
塩	小匙1/2
一味唐辛子	小匙1/4

●福神漬け（1単位）	
大根	2kg
塩	40g（大根の2%）
＊塩漬けすると約700gになる	
蓮根	150g
生姜	10g
蒸し昆布	20g
調味料	
砂糖	80g
醤油	3/4カップ
みりん	大匙2
酢	大匙2
炒り胡麻	大匙2

●野菜のピクルス（10人分）		
大根	100g	
人参	50g	合わせて
胡瓜	小2本	約500g
キャベツ	200g	
塩	小匙2（野菜の2%）	
酢	1/4カップ	
砂糖	大匙2¼	
生姜	1/2片	
赤唐辛子	小1本	

●シャーベット2種（レモン・ペパーミント）（10人分）	
砂糖	120g
水	2½カップ
粉ゼラチン	大匙1
レモン汁	大匙3
オレンジキュラソー	大匙1
卵白	1個分

＊ペパーミントの場合はレモン汁とキュラソーのかわりにペパーミントリキュール大匙2〜3

チャツネ

❶レモンをしぼり、皮は薄切りにし、水½カップに1時間ひたしておきます。

❷生姜、にんにく、りんご、レーズン、レモンの皮は水ごとフードプロセッサーでみじん切りにします。

❸❷の材料と、調味料、レモン汁をホーローびきの鍋に入れ、煮立つまでは強火、煮立ったらとろ火で煮つめます。仕上がるまで3時間ほど、底を焦がさないようにまぜます。

福神漬け

❶大根はいちょう切りにし、重石をして3〜4日塩漬けにします。ときどき上下を返します。

❷❶の上がってきた水を捨てます。水を替えながら一昼夜塩ぬきし、よくしぼります。

❸蓮根はいちょう切りにし、水にさらします。蒸し昆布は3〜4㎝の長さに切ります。生姜は針のように細く切っておきます。

❹浅鍋に酢以外の調味料と蒸し昆布を入れ、煮立たせて❷と❸の材料を入れ、煮汁が全体にゆきわたるようにかきまぜ、沸騰したらざるにあけます。煮汁はボウルか鍋に受けます。

❺煮汁と材料を合わせ、❹の作業を2回くり返し、3回目は煮汁のみ泡立つまで煮つめ、材料をもどして手早くかきまぜ、火を止めます。

❻最後に胡麻と酢を入れてまぜ、手早く冷まします（ひと晩ねかす方が味がしみてよい）。

＊1人あたり20g盛りつけます。

野菜のピクルス

❶大根と胡瓜は4㎝長さの拍子木切り、人参は短冊切り、キャベツはざく切りにし、塩をまぶします。かるく押しをし、しんなりするまで4〜5時間くらいおきます。

❷水けをしぼり、酢に砂糖をとかした甘酢と生姜の細切り、種を除いた赤唐辛子の小口切りを加え、味をなじませます。

シャーベット2種（レモン・ペパーミント）

❶ゼラチンは3倍の水でふやかします。

❷水と砂糖を火にかけてまぜ、沸騰して2〜3分煮、火を止めてゼラチンを加えます。木杓子で50回かきまぜます。

❸あら熱がとれたところにレモン汁とオレンジキュラソー（またはペパーミント）を加え、バットに流し入れ、冷凍庫で2〜3時間、みぞれ状になるまで冷やします。

❹ボウルに卵白を入れてかたく泡立てます。

❺別のボウルに❸をあけ、泡立て器でほぐして❹の卵白を手早くまぜ合わせ、再び容器にもどして冷凍庫で固めます。途中、1〜2度泡立て器でかきまぜると、なめらかな口当たりに仕上がります。

■姫路友の会

＊カレーは70食を7〜8人でつくってもちより、当日の朝は火を通すだけにします。セールのときは倍の140食を15人で準備します。

健康パンの洋食メニュー

主菜には、一年中価格の安定しているいかを使いました。エスカベーシュとは、粉をつけて揚げた魚を香味野菜といっしょにドレッシングに漬けこんだもののことです。前日につくっておけるので、当日時間のとれないときには助かります。

SUMMER

●MENU●
健康パン
卵とさやえんどうのスープ
いかのエスカベーシュ
キウイ羹

健康パン

❶打ち豆は150℃のオーブンで10分から煎りしておきます。
❷材料を全部合わせてパンこね器にセットします。こね上がるまでは30分程、器械により異なります（生地温度は約30℃）。
❸生地の形をととのえてサラダ油（分量外）をぬったボウルに入れ、ラップをかけて、30～40℃で30～40分一次発酵させます。
❹発酵した生地をガスぬきし、4分割（1つは約260g）して丸めます。キャンバス地の上に熱い湯でしぼった布巾をかけて、20～25分くらいベンチタイムをとります。
❺生地のガスをかるくぬき、麺棒で長方形に伸し、端からくるくるまいて、コッペパンの形にし、とじ目は指でしっかりとじます。とじ目を下にして天板にのせ、30～40℃の温かいところに30～60分おき、二次発酵させます。
❻斜めに3本クープ（切り目）を入れて霧を吹き、190℃に温めたオーブンで20分くらいこんがりと焼きます。
＊1本は2.5人分、5切れに切ります。

卵とさやえんどうのスープ

❶さやえんどうは洗って斜めに切り、沸騰した湯でさっと茹でて水にとります。
❷スープをつくり、塩、胡椒で味をととのえてから片栗粉を同量の水でとかして入れます。とき卵を流し入れ、箸でかきまぜます。器に盛ってからさやえんどうを浮かせます。

いかのエスカベーシュ

❶玉葱、セロリは薄切りにして水にさらし水

材料

●健康パン（1単位・4本・約10人分）	
強力粉（食パン用）	500ｇ
三温糖（またはブラウンシュガー）	30ｇ
小麦胚芽	30ｇ
ドライイースト	大匙1½
塩	小匙1½
ぬるま湯（30℃）	350～375cc
ショートニング（室温にもどす）	30ｇ
打ち豆（大豆を高熱処理して乾燥させたフレーク状のもの）	75ｇ
●卵とさやえんどうのスープ（10人分）	
水	9カップ
固形スープの素	3½個
卵	4個
片栗粉	大匙2/3
さやえんどう	90ｇ
塩	小匙2/5
胡椒	少々
●いかのエスカベーシュ（10人分）	
いか	大2はい
塩　ふり塩程度・いかの正味の重さの0.5%	
胡椒	少々
小麦粉	大匙2
サラダ油	適宜
玉葱	1個
セロリ	2本
レモン2個（1個飾り用、1個はしぼってドレッシングの中へ）	
パセリ（みじん切り）	約小匙2
ドレッシング	
塩	大匙1
胡椒	少々
トマトケチャップ	大匙6
酢	大匙6
サラダ油	1カップ
胡瓜	2本
トマト	2個
サラダ菜	15～16枚
●キウイ羹（11×14cm流し缶1個・8人分）	
キウイフルーツ	3個
水	2カップ
粉寒天	4ｇ
砂糖	110ｇ
レモン汁	大匙1

けをきっておきます。

❷いかはわたをぬき、軟骨をとって5㎜の輪切りにします。えんぺら、足も食べやすい大きさに切って塩、胡椒し、かるく小麦粉をつけて揚げます。オーブンを使う場合は、小麦粉をつけた後、サラダ油大匙2をまぶして耐熱皿に並べ、230℃で5分焼きます。

❸熱々のいかと玉葱、セロリをドレッシングでからめて冷やします。

❹サラダ菜をしき、いか、玉葱、セロリをのせてパセリをふり、つけ合わせの野菜とレモンを盛りつけます。残りのドレッシングがあればかけます。

キウイ羹

❶キウイは皮をむいて縦半分に切り、白い部分を除きます。飾り用に半月の薄切りを8枚残し、残りはごく細かく刻むか、フードプロセッサーにかけてピュレ状にします。

❷水を火にかけ粉寒天をふり入れて煮立て、砂糖を加え、強火で約3分煮つめます。

❸火からおろしてあら熱をとり、レモン汁とキウイのピュレを加えてまぜます（熱いうちにキウイを入れると色が悪くなります）。

❹水でぬらした型に流し入れ、薄切りのキウイをのせて、冷やし固めます。

＊急ぐときは冷蔵庫に入れるより、氷水につけた方が早く固まります。

■宇都宮友の会

＊60食を約8人でつくります。

＊パンは前日友の家で、3つのパンこね器を使ってこね、焼き上げます。

元気の出る夏の献立

梅干し入りのさっぱりご飯に、中国風の油淋鶏と春雨スープをくみ合わせました。

●MENU●

大豆と梅干しのご飯
春雨スープ
油淋鶏
ひじきのマリネ
南瓜の甘煮
コーヒーゼリー

大豆と梅干しのご飯

❶米はといでざるに上げておきます。
❷鍋に米、酒と塩を加えた水、茹で大豆を入れ、炊きます。
❸炊き上がって蒸らしたら、種をぬいてほぐした梅干しを入れ、さっくりとまぜます。
❹盛りつけてから、青じそのせん切りを天盛りします。

春雨スープ

❶春雨は湯につけてもどし、食べやすい長さに切ります。
❷人参はせん切りにします。
❸湯を沸かし、スープの素、酒を入れます。人参を入れ、少し煮て春雨を入れます。
❹人参に火が通ったら、塩、胡椒で味をととのえ、斜め薄切りにした葱を入れて仕上げます。

SUMMER

材料

●大豆と梅干しのご飯（10人分）	
米	6カップ
水　米のかさの2割増	1440cc
酒　大匙4	
塩　小匙1	
茹で大豆	2カップ強
梅干し	6～8個
青じその葉	12～16枚

●春雨スープ（10人分）	
水	10カップ
固形スープの素（チキン）	5個
酒	大匙5
春雨（乾）	75ｇ
人参	125ｇ
長葱	1本
塩	少々（小匙1/8）
胡椒	少々

●ひじきのマリネ（約10～12人分）	
ひじき（乾）	30ｇ（もどすと約120ｇ）
玉葱	1/2個
マリネ液	
酢・醤油	各大匙1
砂糖	大匙1/2
サラダ油	大匙3
塩	小匙1/4

●油淋鶏（10人分）	
鶏もも肉	600～700ｇ（2～3枚）
酒	大匙1
塩	小匙1/2
片栗粉	大匙3～4
長葱　5cm	みじん切り各大匙1
生姜　1/2片	
にんにく　1片	
醤油	大匙2
砂糖・酢	各大匙1
胡麻油	小匙1/2
揚げ油	適宜
青梗菜	300ｇ
ミニトマト	10個

●南瓜の甘煮（10人分）	
南瓜	400ｇ
砂糖	大匙4
塩	小匙1
醤油	小匙1/2

●コーヒーゼリー（10人分）	
粉ゼラチン	大匙3
水	大匙6
インスタントコーヒー	大匙4½
湯	4½カップ
シロップ（煮とかす）	
砂糖	1½カップ
水	3/4カップ
牛乳	3/4カップ

油淋鶏

❶鶏もも肉は、厚い部分には切りこみを入れ、酒と塩をまぶして1時間以上おきます。
❷みじん切りにした長葱、生姜、にんにくを調味料と合わせておきます。
❸鶏の水分を拭きとり、片栗粉をまんべんなくたっぷりつけて、余分な粉はよくよくはたき落とします。
❹油を高温に熱し、鶏の皮目を下にして入れ、表面が固まったら火を弱め、ゆっくり揚げます。
❺九分通り揚がったら油の温度を上げて、カラッと揚げます。
❻食べやすい大きさに切って盛りつけ、かけ汁をかけます。茹でた青梗菜、ミニトマトを添えます。

ひじきのマリネ

❶ひじきは水でもどしてさっと茹で、水けをきって適当に切ります。
❷玉葱はせん切りにして水につけ、よくしぼります。
❸マリネ液をつくり、ひじきと玉葱を入れ、よくまぜます。

南瓜の甘煮

❶南瓜は種をとって、皮をところどころ残してむき、幅3cmくらいのくし形に切り、さらに3～4つに切って、面とりをします。
❷鍋に南瓜、砂糖、塩、醤油と、ひたひたに水を入れ、火にかけます。
❸中火で煮ながら、途中ときどき鍋返しをして全体に味をなじませ、煮汁が鍋底にまだ少し残っているうちに火を止め、味を含ませます。

コーヒーゼリー

❶ゼラチンは、倍量の水でふやかしておきます。
❷湯を沸かし、沸騰する前に火からおろし、❶のゼラチンを入れてよくとかします。
❸ゼラチンがとけたらコーヒーを入れ、よくかきまぜます。
❹水でぬらした器または流し缶に入れ、冷蔵庫で固めます。
❺砂糖と水を煮とかしたシロップと、牛乳をかけていただきます。
＊ゼリーには甘みをつけていません。

■豊橋友の会

＊50～60食を3～6人でつくります。
＊油淋鶏は前日につくることもあります。
＊南瓜の甘煮は、直径30cmくらいの鍋2個でつくります。

きじ焼き三色丼

さくらご飯の上にのせた鶏のきじ焼きと卵と野沢菜のとり合わせが食欲をそそります。
そぼろの三色丼より食べやすいので好評です。

●MENU●
三色丼
豆腐としめじの清汁
即席漬け
紫花豆の甘煮
ペパーミント羹

SUMMER

三色丼

さくらご飯
分量の水と調味料でご飯を炊きます。

きじ焼き
❶鶏肉は脂をとり除き、身の厚い部分に包丁目を入れて、つけ汁に30分くらいつけます。
❷鍋に油を熱し、汁けをとった肉を皮目から入れて両面を焼きます。肉から出た脂は除きます。
❸酒をふって蓋をし、7~8分蒸し焼きし、肉のつけ汁をまわし入れ、強火でからめます。
❹縦半分に切り、そぎ切りにします。
❺肉をとり出したあとの汁を少々煮つめておきます(あとで丼に盛った肉の上にかけます)。

野沢菜漬け
水につけて塩けをぬき、よくしぼって細かく刻み、油少々で炒めます。

卵
❶卵をときほぐして調味料と片栗粉を入れ、よくまぜて漉します。
❷薄焼きにし、3㎜くらいの幅に切ります。

仕上げ
さくらご飯の上にそれぞれを盛り、鶏肉の上には❺のたれをかけ、紅生姜を添えます。

豆腐としめじの清汁
❶だしをとります。
❷豆腐はさいの目に切り、しめじは石づきをとり小房に分けます。だしを中火にかけ、煮立ちかけたら豆腐、しめじを入れ、調味します。
❸椀に盛り、約3㎝に切った三つ葉とへぎ柚子をのせます。

即席漬け
❶キャベツはざく切り、人参は短冊、胡瓜は

材料

●三色丼（10人分）	
さくらご飯	
米 5カップ	
水（昆布20gのつけ汁）	合わせて6カップ
酒	大匙3
醤油	大匙1½強
塩	小匙3/4
きじ焼き	
鶏もも肉	3枚（約800g）
つけ汁	
醤油	大匙6（90cc）
みりん	大匙4（60cc）
酒	大匙4（60cc）
砂糖	大匙1⅔
サラダ油	大匙1⅓
酒	大匙2⅔
野沢菜漬け	300g
サラダ油	小匙2
卵	
卵	大4個
酒	大匙1弱
砂糖	大匙1⅓
塩	小匙1/5
片栗粉	小匙1/3
紅生姜（せん切り）	約50g
●豆腐としめじの清汁（10人分）	
豆腐	1丁（300g）
しめじ	1パック（100g）
だし	7½カップ
水	8カップ
削り節	30g
昆布	20g
塩	小匙1½
薄口醤油	小匙1½
三つ葉	30g
季節の吸口（木の芽・柚子など）	適宜
●即席漬け（10人分）	
キャベツ 400g	650g
胡瓜 200g	
人参 50g	
茗荷または生姜	適宜
塩	小匙2⅗（野菜の2%）
●紫花豆の甘煮（1単位・30人分）	
紫花豆（乾）	300g
砂糖	240g
塩	小匙2/3
●ペパーミント羹（流し缶13.5×13.5cm1個・10人分）	
棒寒天	1本
水	3カップ
砂糖	120g
ペパーミント	大匙2

輪切りにします。
❷塩をまぜて少しもみ、重石をしておきます。茗荷、生姜は細切りに。

紫花豆の甘煮

❶花豆は洗って一昼夜たっぷりの水につけておきます。水ごと火にかけて一度茹でこぼし、再びかぶるくらいの水を入れ、弱火で途中2〜3回さし水をしながら煮ます。
❷指でつまんでみて柔らかくなっていたら、残っている煮汁をきり、砂糖を2回ぐらいに分けて入れ、最後に塩を加えて火を止め、そのまま含ませます。

ペパーミント羹

❶寒天は水でもどして水けをしぼり、分量の水にちぎり入れて煮とかし、砂糖を加えます。
❷寒天液を漉し、ペパーミントを入れてあら熱をとり、水でぬらした流し缶に流します。冷やして固めてから切り分けます。

■千葉友の会

＊ご飯以外はもちよりにしています。130食を10〜13人でつくります。

カレーあんをかけた馬鈴薯肉まん

「馬鈴薯肉まん」ってどんなお料理でしょう？
マッシュポテトで具を包んで焼き、カレー味のあんをかけた一品です。

●MENU●
ご飯
つみれの味噌汁
馬鈴薯肉まん
大根サラダ
漬けもの
煮梅

材料	
●つみれの味噌汁（10人分）	
豆腐	1½丁
わかめ（乾）10g（塩蔵なら25g）	
油揚げ	1½枚
だし（昆布と煮干し）	8カップ
味噌	180g
白身魚のすり身	200g
卵	1/2個
酒	小匙1
塩	小匙1/2
片栗粉	大匙1
わけぎ	小1把
●馬鈴薯肉まん（10人分）	
じゃが芋	（正味）1.5kg
片栗粉	150〜200g
塩	小匙3/5
具	
牛挽肉	300g
玉葱	300g
人参	2/3本
生椎茸	5枚
サラダ油	大匙2
塩	小匙1¼
薄口醤油	小匙1
小麦粉	大匙2½〜4
サラダ油	大匙4〜5
カレーあん	
茹でグリーンピース	200g
芝えび（正味）	100g
スープまたはだし 4〜5カップ（固形スープの素2個）	
砂糖	小匙2
カレー粉	大匙1½
塩	小匙3/5
薄口醤油	小匙1½〜2
片栗粉	大匙2
水	大匙4½
●大根サラダ（10人分）	
大根	600g
貝割れ大根	1½パック
かに風味かまぼこ	長8本
サラダ油	大匙6
酢	大匙4
醤油	大匙2
塩	小匙2/3
胡椒	少々
サニーレタス	1株

SUMMER

つみれの味噌汁

❶わかめはもどして食べやすく切っておきます。
❷油揚げは油ぬきして細切りにします。
❸すり身をすり鉢でなめらかにすり、卵、酒、塩を入れてよくすり、片栗粉をまぜます。
❹だしを煮立てた中に油揚げを入れ、煮立ったらすり身をスプーンですくって落とし、静かに煮ます。
❺火が通ったら味噌を入れ、2cm角に切った豆腐とわかめを入れ、味をととのえます。
❻わけぎを小口切りにしてちらします。

馬鈴薯肉まん

❶具をつくります。玉葱、人参、生椎茸は短めのせん切りにします。フライパンにサラダ油を熱して挽肉を炒め、野菜を加え調味してから小麦粉をふりこみ、さらに炒めます。
❷じゃが芋を半分に切り、塩少々（分量外）を入れて茹でます。熱いうちに皮をむき、粉ふきにしてつぶし、少し冷めてきたら片栗粉、塩を入れて手早くまぜ合わせます。
❸20等分して丸め、❶の具を包み、楕円に形づくります。
❹鍋に油を熱して❸を入れ、蓋をして弱火でゆっくり両面を焼き、火を通します。
❺カレーあんのスープと調味料を鍋に入れて火にかけ、さっと茹でたグリーンピースと皮をむいたえびを入れます。味をみてととのえ、水どき片栗粉でとろみをつけます。
❻肉まんに熱いカレーあんをかけます。

大根サラダ

❶大根は皮をむいて細いせん切りにし、水に放してからよく水けをきります。
❷かに風味かまぼこは細くさいておきます。貝割れ大根は半分に切ります。
❸ドレッシングで和え、サニーレタスを器に敷いて、サラダを盛ります。

漬けもの

玉葱の粕漬け

❶玉葱は皮をむき、芯をつけて縦半分に切り、半日以上水につけてあくをぬき、水けをきります。
❷玉葱の重さの20%の塩をし、重石をして3週間塩漬けをします。
❸ざるにのせ、陰干しをして水けをとってから、一度目の粕漬けをします（このときは前の年の粕床を使ってもよい）。
❹1〜2か月したら、新しい粕で二度目の粕漬けをします。3か月くらいで食べられます。カリカリしておいしいものです。
＊粕床＝練り粕500gをみりんか醤油でゆるめ、砂糖250g、みりん1カップをまぜ合わせます。
＊写真は大根の糠漬けと盛り合わせました。

煮梅

❶梅酒の梅に竹串でブツブツと穴をあけ、3〜4回水を替えながら1日〜1日半水につけ、アルコール分をぬきます。
❷ひたひたの水を入れて火にかけ、煮立ったら湯を捨てます。
❸梅の重さの5〜7割の砂糖を用意し、鍋に砂糖、梅、砂糖、梅と重ねてしばらくおきます。
❹砂糖がとけてきたら弱火でゆっくり煮含め、火を止めます。かぶるくらいのみつ（液）に漬けておくと常温でも日持ちします。

■宇部友の会

＊ご飯は1人160〜180g（米で80g）。
＊じゃが芋をつぶすまでしてくる人、挽肉と野菜を炒めてくる人、サラダの野菜を刻んでくる人など分業で下ごしらえをしてもちよります。当日はご飯、味噌汁、盛りつけなどを90分くらいで仕上げ、例会に出席します。40食を10人前後で。

穴子のせおぼろご飯と清汁

鶏そぼろをまぜた味つけご飯の上に、卵、穴子、椎茸などを彩りよくのせた丼ものと生麩の入った清汁のくみ合わせで、おもてなしにも向くものです。

●MENU●
おぼろご飯
生麩の清汁
柚子大根
抹茶羹

AUTUMN

材料

●おぼろご飯（10人分）	
米	6カップ
薄口醤油	40cc
みりん	30cc
昆布	15cm
水	1350cc
鶏挽肉	350g
A 砂糖	大匙2
みりん	大匙2
醤油	大匙2
生姜汁	小匙1
焼き穴子	200g
B 砂糖	大匙1
みりん	大匙1
醤油	大匙1
酒	大匙1
だし	大匙2
干し椎茸 25g（もどすと約100g）	
C もどした椎茸100gに対して	
醤油	大匙1
砂糖	大匙1½
みりん	小匙2
さやいんげん	90g
卵	5個
D 砂糖	大匙1½
塩	小匙1/2
紅生姜	30g
●生麩の清汁（10人分）	
だし（昆布と削り節）	9カップ
塩	小匙1⅗
薄口醤油	小匙1
椀種	
大根（5cm長さ）	約100g
人参（5cm長さ）	約50g
生麩（季節により梅、紅葉麩など）	1本
三つ葉	1/3束（30g）
柚子	適宜
●柚子大根（1単位・10人分）	
大根	（正味）500g
合わせ調味料	
酢	30cc
砂糖	50g
塩	10g
柚子	1/2個
●抹茶羹（15×13.5×4.5cmの流し缶1個・6〜9人分）	
粉寒天	3g
水	500cc
砂糖	100g
抹茶	大匙1
砂糖	20g
片栗粉	大匙1
水	大匙2

おぼろご飯

❶米は洗い、ざるに上げておきます。
❷洗った米を分量の水に30〜60分ひたしておきます。
❸昆布、醤油、みりんを❷と合わせ、炊き上げます。
❹熱湯の中に鶏挽肉を入れ、4〜5本の箸か泡立て器で手早くほぐし、挽肉の色が変わったら引き上げます。鍋に挽肉とAを入れ、からめるように炒ります。
❺穴子は頭を落とし、3㎜くらいの幅に切ってBを加え、頭も入れて弱火で炒り煮にします。
❻干し椎茸は水で充分もどして軸をとり、水けをしぼって重さを計り、調味料を割り出します。鍋に椎茸を入れ、つけ汁をひたひたになるまで入れて火にかけます。しばらく煮てからCを入れ、味を含ませ、せん切りにします。
❼さやいんげんは水2カップに塩小匙1½（分量外）を入れて茹で、冷水に落としてすぐ水きりし、斜め細切りにします。
❽卵はよくといて一度裏漉しし、Dを入れて薄焼きにし、錦糸卵にします。
❾炊き上がったご飯に鶏そぼろをまぜてから器に入れ、錦糸卵を広げ、穴子、椎茸を飾り、中心にいんげん、せん切りにした紅生姜

を添えます。

生麩の清汁

❶だしに塩と薄口醤油で味つけします。
❷大根、人参は2～3㎜厚さで5×1㎝の短冊切りにし、下茹でしておきます。
❸生麩は1本を20に切り、だしでさっと火を通します。三つ葉はさっと茹でて結んでおきます。
❹1人分のお椀に大根3枚、人参2枚、生麩2個、三つ葉を入れ、温かい清汁をそそぎ、松葉柚子をのせます。

柚子大根

❶大根は2～3㎜厚さのいちょう切りにします。
❷❶に合わせ調味料をかけます。
❸30分くらいして水が上がってきたら、細切りの柚子の皮を加え、2～3時間おきます。

抹茶羹

❶500ccの水に粉寒天を入れ、よくまぜて火にかけ、沸騰してから2分ほど煮ます。
❷❶に砂糖を入れてとかし、抹茶と砂糖をよくまぜて入れ、次に水どき片栗粉を入れます。
❸ぬらした流し缶に漉しながら入れて固めます。

■神戸友の会

＊240食を15人でつくります。
＊240食のご飯は、7㎏炊きの釜で4回に分けて炊き、ひと釜分のご飯が入る大きな飯切り（直径80㎝くらいのもの）に移し、味つけしてある鶏そぼろをまぜ合わせます。

さわやかパン食メニュー

豚肉を茹でてケチャップソースに漬けこんだお惣菜。手軽にできて大人も子どもも好きな味です。

●MENU●
ブレッチェン
チョコレートソース添え
ポークマリネのサラダ
野菜のスープ煮
グレープフルーツゼリー

AUTUMN

ブレッチェン

❶ショートニング以外の材料を全部ボウルに入れ、少しずつ水を加えてまぜます。7〜8分こねたところでショートニングを加え、さらに5〜10分こねます。

❷こね上がったらすぐマットの上にとり、20分割します。丸めてマットの上に並べ、ベンチタイムを10分とります。

❸てのひらで叩いて煎餅状に平たくしてから、丸めます。上新粉をまぶし、真ん中に菜箸で割れ目を入れ、天板に並べて15〜20分発酵させます。

❹200℃のオーブンで約10〜12分焼きます。

＊ほうれん草入り　ほうれん草は茹でてぎゅっとしぼり、みじん切りにして、ショートニングを入れるときに一緒に入れます。

＊1人あて2個です。

チョコレートソース

❶ボウルに卵白、ココア、コーヒー、砂糖を入れてまぜ合わせます。

❷❶に少しずつサラダ油を加え、よくまぜ合わせます。

パンにつけていただきます。

ポークマリネのサラダ

❶ドレッシングの材料を合わせます。

❷玉葱を薄切りにし（水にさらさず）、ドレッシングにつけておきます。

❸豚肉を茹でて❷につけこみます。

❹レタスと茹でたさやいんげんと一緒に盛りつけます。

＊レタスで巻いて食べます。

＊パセリのみじん切りをちらしてもよいでしょう。

野菜のスープ煮

❶じゃが芋は2〜4つに、キャベツはざく切り、人参は縦4cmに切って4つ割り、玉葱はくし形に、蕪は2〜4つくらいに切ります。

❷鍋にキャベツ、人参、玉葱と水を入れて煮始めます。途中、固形スープの素を加えて煮ます。じゃが芋、小蕪は煮くずれないようにあとから入れます。

❸味をみて塩、胡椒でととのえます。茹でた蕪の葉を3〜4cmに切り、盛りつけるときに添えます。

グレープフルーツゼリー

❶粉ゼラチンと砂糖をまぜ、熱湯を入れて、溶かします（粉ゼラチンを予めふやかさないやり方です）。

❷あら熱をとって、グレープフルーツ（2個）のしぼり汁を入れ、器に流して冷蔵庫で固めます。

＊写真は、グレープフルーツを2つに割り、実をとり出したあとの皮に流しこんで固め、一人分ずつに切り分けました。

■水戸友の会

＊80食を17人でつくります。

＊パンは前日割当て分を何人かが家で焼いてきます。

材料

●ブレッチェン（1単位・20個）

パン専用強力粉	400g
強力粉	100g
砂糖	20g
塩	7g
ショートニング	20g
ドライイースト	10g
水（ぬるま湯・約30°C）	310cc
上新粉	適宜
ほうれん草入りの場合	
水分	290cc
ほうれん草（葉先）	120g

●チョコレートソース（10人分）

卵白	1個分
ココア	小匙3
インスタントコーヒー	小匙2
砂糖	60g
サラダ油	120cc

●ポークマリネのサラダ（10～12人分）

豚薄切り肉	600g
玉葱	大2個
ドレッシング	
トマトケチャップ	1カップ
醬油	大匙4
サラダ油	大匙4
さやいんげん	100～200g
レタス	10～12枚

●野菜のスープ煮（10～12人分）

じゃが芋	正味300g
キャベツ	正味600g
人参	正味150g
玉葱	正味350g
小蕪	正味150g
水	12カップ
固形スープの素	4個
蕪の葉（茹でておく）	200g
塩	小匙3/5
胡椒	少々

●グレープフルーツゼリー（10人分）

粉ゼラチン	大匙4
砂糖	100g
熱湯	2カップ
グレープフルーツのしぼり汁	2カップ

（2カップに満たないときは水を足す）

具だくさんの麺が主役

「おとおじ」は秋から春にかけての郷土料理で、人よせのときに必ずつくります。麺の食べ方の中で最も家庭的なものです。

●MENU●
おとおじ
ごぼうの太煮
大根と人参の甘酢
煮豆

AUTUMN

材料

●おとおじ(10人分)	
乾麺(ひやむぎ)	600g(1人60g)
大根	500g
人参	300g
長葱	3本
しめじ	200g
ちくわ	1½本
油揚げ	3枚
鶏肉	200g
青菜(雪菜)	200～300g
だし(鯖ぶし約180g)	1.8ℓ
醤油	1～1½カップ
塩	小匙2
砂糖	大匙3～4
●ごぼうの太煮(1単位・40人分)	
ごぼう(太いもの)	2kg
サラダ油	大匙2
醤油	大匙3
砂糖	大匙3
みりん	大匙1
だしの素(天然の粉末)	小匙2
青海苔	適宜
●大根と人参の甘酢(10人分)	
大根	500g
人参	50g
塩	小匙1⅗
甘酢	
┌だし	大匙2/3
│酢	大匙4½
│砂糖	大匙2⅓
└塩	小匙1/2
柚子	1個
●煮豆(1単位・40人分)	
紫花豆(乾)	500g
砂糖	300g
塩	小匙1

おとおじ

❶鯖ぶしでだしをとり、醤油、塩、砂糖で味をつけておきます。
❷大根、人参、油揚げは、3㎝長さの拍子木切りにします。長葱は2～3㎝の小口切り、しめじは石づきをとり、ちくわは5㎜厚さの半月切りにします。鶏肉はひと口大に切ります。
❸青菜は茹でて細かく切り、別にしておきます。
❹❶の調味しただしに❷の具を入れて煮ます(煮すぎないこと)。
❺麺を茹で上げて冷水にとり、手ですくって、1椀に入れるくらいの小さな玉にし、盆ざるに並べておきます。
❻麺を1玉ずつ柄つきのざるに入れ、❹の汁で温めてから器に入れ、熱々の汁を具と共にかけ、青菜をのせます。

ごぼうの太煮

❶ごぼうは皮をこそげ落とし、4㎝の長さに切り、たっぷりの水で30分茹でます。
❷水をとりかえ、20分茹でてそのままおき、翌朝ざるにあけ、水をきります。
❸大きな別鍋に油大匙2杯を入れ、炒りつけます。醤油、砂糖を二度に分けて入れます。鍋返しをして味をしませます。みりん、だしの素を入れ、味をととのえます。
❹盛りつけて青海苔をふります。
＊煮上がったものは、1人あて約50g盛りつけます。

大根と人参の甘酢

❶大根、人参は皮をむいて長さ4㎝のごく細いせん切りにします。
❷ボウルに入れ、塩をふってさっと洗い、しぼります。
❸甘酢のだしと調味料を合わせてひと煮立ちさせ、冷ましたところに野菜を入れてまぜ、柚子の皮のせん切りをちらします。

煮豆

❶水にひと晩つけた豆を水から煮、煮立ったら2回茹でこぼします。
❷煮汁が豆の上2㎝くらいあるようにし、減ったときはさし水をします。中火で豆が柔らかくなるまで煮ます。
❸塩と分量の砂糖の半量を入れ、10分くらい煮てから残りの砂糖を入れて、さらに10分くらい煮ます。煮すぎないようにします。ひと晩くらいおくと味がしみておいしくなります。煮汁が多いようなら、汁を別鍋に移して煮つめ、あとから豆をまぜます。汁がひたひたになるくらいにします。
＊1人あて煮上がり約30gです。

■長野友の会

＊60食を12人でつくります。
＊麺は、とろ火をつけた6つのテーブルのガス台に、具を入れた大鍋をかけておき、お椀に盛りつけて食事に来た人に順に渡します。
＊たくさんの「人よせ」のときは、煮た具を別にとり分けておき、順次適当に足します。
＊汁は多めにつくって別にとりおき、減ったときに加えるとよいでしょう。

来客向きにもよい洋風献立

主菜はブラウンソースで煮こんだチキン、トマトピラフともよく合います。ピクルスには大豆の甘酢漬けを加えました。スイートポテトを食後に。

●MENU●
トマトピラフ
チキンのブラウンソース煮
野菜のピクルス
スイートポテト

AUTUMN

材料

●トマトピラフ（10人分）		
米	5カップ	
水	1125cc	
トマトケチャップ	大匙5	
パプリカ	小匙$2\frac{1}{2}$	
サラダ油	大匙$2\frac{1}{2}$	
固形スープの素（ビーフ）	2個	
白ワイン	小匙$2\frac{1}{2}$	
みりん	小匙$2\frac{1}{2}$	
パセリのみじん切り	適宜	
●チキンのブラウンソース煮（10人分）		
鶏もも肉	500〜600g	
生椎茸	10枚	
サラダ油	大匙3	
ブラウンソース	$3\frac{4}{5}$カップ	
ブラウンソース（1単位・約18人分）		
水	2カップ	
醬油	1/2カップ	
ウスターソース	1/2カップ	
トマトケチャップ	1/3カップ	
トマト	200g（大1個）	
食パン（細かくちぎる）	60g（2/3枚）	
バター	30g	
クレソン	1把	
●野菜のピクルス（1単位・10人分）		
人参	60g	合わせて1kg
胡瓜	400g	
キャベツ	400g	
ピーマン	60g	
玉葱	80g	
塩	小匙4（材料の2%）	
A 酢	1カップ	
水	1/2カップ	
砂糖	80g	
ベイリーフ	4枚	
大豆甘酢漬け	1カップ	
大豆甘酢漬け（1単位）		
茹で大豆	500g	
酢	1/2カップ	
砂糖	40〜50g	
水	1/4カップ	
赤唐辛子（種をとって）	1〜2本	
●スイートポテト（1単位・15〜16個分）		
さつま芋	正味1kg	
砂糖	200g	
バター	90g	
生クリーム	60cc	
卵黄	4個分（1個分は照り用）	
バニラエッセンス	少々	
ラム酒	大匙2	

トマトピラフ

❶米をとぎ、分量の水と調味料（スープの素はくだいて加える）を入れ、よくまぜてから炊きます。

❷盛りつけて、彩りにパセリをちらします。

チキンのブラウンソース煮

❶ブラウンソースをつくります。ソースの材料を鍋に入れて1分くらい煮立て、ミキサーにかけてでき上がりです。

❷鶏肉は1〜1.5cm厚さのそぎ切りにします。

❸椎茸は石づきをとり、5mm幅の細切りに。

❹フライパンに油を熱し、鶏肉を入れて焼きつけるように炒め、火を通します。椎茸を加えて炒め、柔らかくなったらブラウンソースを加えて3〜5分煮こみます。

❺ソースごと器に盛り、クレソンを添えます。

野菜のピクルス

❶野菜は短冊切りにします。

❷人参はさっと湯を通しておきます。

❸野菜全てに塩をし、1〜2時間おいて水け

をしぼります。

❹Aの調味料を煮立て、熱いうちに野菜にかけ、大豆の甘酢漬け（後述）も加えてまぜます。

大豆甘酢漬け

調味料を煮立てて固めに茹でた大豆にかけ、保存瓶などに入れます。ときどき上下をゆって味をなじませます。

スイートポテト

❶さつま芋は皮のまま長さ10～12cmに切り、150℃のオーブンで40分焼いて中身を裏ごします（皮をケースにするときは、縦2つに切り、皮を破らないように中身をくりぬき、裏ごします）。

❷砂糖、バター、生クリームを煮立て、バターがとけたら裏ごした芋を入れ、よくまぜます。

❸火を止めて卵黄を1個ずつ入れてまぜ、もう一度火にかけ、よくまぜます。

❹火から下ろし、バニラエッセンスとラム酒を入れてひとまぜし、皮の上にのせます。卵黄で照りをつけ、200℃のオーブンで焦げ目をつけます。

＊写真ではさつま芋の皮にのせましたが、例会食のときはアルミケースを使います。

■福岡友の会

＊120食を14人でつくります。

＊鶏肉を120食分炒めるときは中華鍋2つでしています。

秋の味覚をふんだんに

さんまの入ったご飯と、大豆とりんごのみぞれ和えで、秋の味をたのしみましょう。たっぷりの野菜入り清汁がうれしいお献立です。

●MENU●
さんまご飯
沢煮椀
大豆とりんごのみぞれ和え

AUTUMN

材料

●さんまご飯（10人分）	
米	5カップ
水	5カップ
酒	大匙5
醤油	大匙3
塩	小匙1
さんま	5尾
塩	小匙1½
酒	大匙2
生姜	80g
もみ海苔または青じそせん切り	適宜

●沢煮椀（10人分）	
豚バラ肉薄切り	250g
大根	300g
人参	120g
ごぼう	100g
こんにゃく	1枚
長葱	1½本
だし	10カップ
醤油	大匙1½
塩	小匙2

●大豆とりんごのみぞれ和え（10人分）	
茹で大豆	2カップ
大根	400g
胡瓜	1本
りんご	1/2個
貝割れ大根	1パック
酢	大匙3
砂糖	大匙1
薄口醤油	小匙2

さんまご飯

❶米をといでざるに上げておきます。
❷さんまに塩、酒をふり、30分ほどおいて臭みをとります。
❸生姜をごく細いせん切りにし、水にはなします。
❹さんまを焼いて、骨と皮を除きます（オーブンで焼く場合は220℃で13分）。さんまのおいしさがなくならないように、身はあまりほぐさず、多少小骨が入っていても、身のかたまりが入っているくらいがよいようです。
❺米に水加減し、調味料と生姜の半量を入れて、炊きます。
❻炊き上がったら、骨をとったさんまと残りの生姜を入れ、10分ほど蒸らし、かきまぜます。いただくときに、もみ海苔か青じそをちらします。

沢煮椀

❶大根はいちょう切りに。葱を除いたほかの材料はすべてせん切りにします。
❷だしに、葱以外の材料をすべて入れて煮ます。
❸野菜が煮えたところで、調味料を加えて、味をととのえ、盛りつけるときに斜め薄切りにした葱をあしらいます。

大豆とりんごのみぞれ和え

❶大根と胡瓜は一緒におろして、かるく水分をしぼります。
❷貝割れ大根は、洗って3〜4等分の長さに切っておきます。
❸りんごは皮をむき、大豆の大きさに切って塩水につけておきます。
❹りんご、大豆、おろした大根と胡瓜を合わせ、調味料で和えます。最後によく水けをきった貝割れ大根を飾ります。

■岡崎友の会

＊70食を8人でつくります。

チキンピラフとりんご入りサラダ

子どもから高年の方まで、誰にも喜ばれるチキンピラフ。
サラダのドレッシングに香りのよいりんご酢を使うのが、私たちのこだわりです。

●MENU●
チキンピラフ
わかめスープ
りんご入りサラダ
ヨーグルトゼリー

WINTER

材料

●チキンピラフ(10人分)	
米	6カップ
鶏肉	350～400g
玉葱	300g
生椎茸	6枚
サラダ油	大匙6
水	5カップ
トマトジュース	300cc弱
トマトケチャップ	大匙6
固形スープの素	3個
塩	小匙2
胡椒	少々
グリーンピース(冷凍)	約100g
●わかめスープ(10人分)	
わかめ(もどして)	80～100g
長葱(白いところ)	1本
スープ	
┌水	9カップ
固形スープの素	2½個
塩	小匙1⅓
醤油	小匙2～3
└胡椒	少々
●りんご入りサラダ(10人分)	
レタス 300g ┐	合わせて
セロリ 200g	800g
胡瓜 200g	
りんご 100g ┘	
レーズン	50g
ドレッシング	
りんご酢	1/4カップ
サラダ油	3/4カップ
塩	小匙1
砂糖	小匙1
胡椒	少々
練り辛子	小匙1
●ヨーグルトゼリー(プリン型8～10個分)	
牛乳	100cc
┌粉ゼラチン	大匙2
└水	大匙6
砂糖	100g
プレーンヨーグルト	500cc
生クリーム	200cc
レモン汁	大匙1
キウイフルーツ	1個

チキンピラフ

❶米は30分ほど前に洗っておきます。
❷グリーンピースはさっと茹でておきます。
❸鶏肉は7～8㎜角くらいに切ります。
❹玉葱、椎茸も肉に合わせて切ります。
❺厚手の鍋にサラダ油を熱し、鶏肉、玉葱、椎茸を炒めます。
❻米を加えてさらに炒めます。
❼分量の水にトマトジュース、ケチャップ、スープの素、塩、胡椒を入れてまぜ、炒めた米と合わせて炊き上げます。
❽よく蒸らして器に盛り、グリーンピースを飾ります。
＊写真ではミントの葉ものせました。

わかめスープ

❶わかめは洗って3～4㎝の長さに切ります。長葱は白髪葱にし、水にさらします。
❷鍋に水とスープの素を入れ、煮立ったらわ

かめと調味料を入れて味をととのえます。器に盛り、さらし葱を入れます。

＊好みで、とき卵を流し入れてもよいでしょう。

りんご入りサラダ

❶レタスはひと口大にちぎって水に放します。セロリはすじをとって薄切りにし、胡瓜もセロリに合わせて切ります。ともに水に放してから水けをしっかりきります。

❷りんごは6～8つ割りにして、薄切りにし、塩水に放します。

❸レーズンは湯で洗っておきます。

❹ドレッシングの調味料を合わせます。

❺器に野菜、水けをきったりんごとレーズンを盛り、ドレッシングをかけます。

ヨーグルトゼリー

❶ゼラチンは、3倍の水でしめらせておきます。

❷鍋に牛乳と砂糖を入れて火にかけ、沸騰直前で火を止め、ふやかしておいたゼラチンを入れて溶かします。

❸ヨーグルトを加えてまぜ、さらに生クリーム、レモン汁を加えてよくまぜ合わせ、型に流し冷やし固めます。

❹輪切りにしたキウイをのせます。

■上田友の会

＊100食を6人でつくります。

テンペとじゃこのおこわ

佐賀の白石町でつくられている大豆発酵食品の「テンペ」をとり入れたメニュー。

WINTER

●MENU●

テンペおこわ
肉団子とキャベツの煮こみ
にらの柚子醤油かけ
漬けもの

材料

●テンペおこわ（10～12人分）	
もち米	650g
うるち米	100g
テンペ（冷凍）	150g
昆布	15g
水	300cc
塩	小匙1/2
薄口醤油	20cc
テンペのつけ汁	
昆布だし	60cc
塩	小匙1/2
薄口醤油 10cc（大匙1/2強）	
みりん	小匙1
ちりめんじゃこ	50g
●肉団子とキャベツの煮こみ（10～12人分）	
合挽肉	430g
A 卵	1個
小麦粉	大匙4½
塩	小匙3/4
胡椒	小匙1/6
キャベツ	約1kg
玉葱	250～300g
人参	50g
舞茸	50g
水	10カップ
固形スープの素	3個
塩	小匙2/3
ベイリーフ	1枚
酒	大匙3
胡椒	少々
●にらの柚子醤油かけ（10～12人分）	
にら	400g
柚子の皮の細切り	1/2個分
かけ汁	
柚子のしぼり汁	1個分
だし	大匙2½
薄口醤油	小匙1弱
砂糖	小匙1/5

テンペおこわ

❶もち米は洗ってひと晩水につけ、ざるに上げます。うるち米は洗って30分ほど水につけ、ざるに上げます。
❷昆布だしをとり、そのうち200ccと塩、薄口醤油を合わせておきます。
❸テンペは解凍し、つけ汁に30分以上つけておきます。ちりめんじゃこは湯通しします。
❹もち米とうるち米を合わせ、20分ほど強火で蒸します。
❺❸のテンペとつけ汁に❷の合わせだしをまぜ、そこに蒸した熱い飯を入れてよくまぜます。
❻もう一度10分蒸します。
❼仕上げにちりめんじゃこをまぜこみます。

＊無塩の発酵大豆テンペには、煮大豆のほぼ2.5倍量の鉄分とカルシウム、2.5倍のビタミンB_2が含まれています。地場産大豆の旨みを生かしたくせのない食品なので、いろいろな調理に生かせます。

肉団子とキャベツの煮こみ

❶キャベツはざく切り、玉葱は薄切り、人参はいちょう切りに。舞茸は小房に分けます。

❷挽肉とAを合わせてよくまぜ、20～24個に丸めます。

❸鍋に水、スープの素、塩、ベイリーフ、酒を入れて煮立て、肉団子を入れていきます。

❹あくをとりながら5～6分煮こみ、キャベツと玉葱、人参を加え、弱火にしてさらに15～20分くらい煮ます。最後に舞茸を入れ、胡椒をふり、味をととのえます。

にらの柚子醤油かけ

❶にらは塩少々を入れた熱湯で茹で、冷水にとります。

❷水けをしぼって2㎝長さに切り揃え、かけ汁をかけます。上に柚子の皮をちらします。

＊漬けものは、たくあんと高菜漬けを添えました。

■佐賀友の会

＊30～40食を4～6人でつくります。

＊テンペについてのお問い合わせは

佐賀友の会
〒840―0032
佐賀市末広1―7―34
TEL&FAX0952―29―1594
(火・金のみ)

満点ご飯とのっぺい汁

からだによい5種類の材料を炊きこんだ、名づけて「満点ご飯」と、5種類の野菜を入れたのっぺい汁の献立です。

満点ご飯

❶米は炊く30分前にといでざるに上げておきます。
❷米に水加減をして炊き始めます。
❸打ち豆は袋に入れて、すりこぎで細かく砕きます。生わかめ、人参、茹でた小松菜は細かく切ります。
❹油を熱し、いったん火を止めて打ち豆を入れ、油をからめます。火をつけて打ち豆を香ばしく炒め、ちりめんじゃこ、人参の順に加えて炒め、わかめを入れてざっと炒めます。
❺調味料を合わせ、フライパンの肌に添わせるように入れ、水けがなくなるまで炒めます。
❻炊き上がったご飯とまぜ合わせ、最後に小松菜を合わせます。
＊小松菜はみじん切りにせず、ていねいに細かく切った方が、ご飯にまぜたときにきれいです。
＊香ばしく仕上げたいので、ご飯と具をまぜるときはそれぞれ小分けにしてつくります。

WINTER

●MENU●
満点ご飯
のっぺい汁
小松菜の辛子和え
ワイン羹

材料

●満点ご飯(10人分)	
米	4カップ
もち米	1カップ
水	5カップ
具	
打ち豆(大豆を高熱処理して乾燥させたフレーク状のもの)	40g
ちりめんじゃこ	50g
人参	50g
生わかめ	50g
小松菜(葉先のみ)	50g
みりん	大匙2
酒	大匙2
醤油	大匙4
サラダ油(炒め用)	大匙2
●のっぺい汁(10人分)	
豚ロース肉薄切り	200g
人参	100g
大根	200g
ごぼう	100g
里芋	200g
長葱	50g
水	2ℓ
煮干し	30g
醤油	大匙5
片栗粉	大匙4
水	120cc
●小松菜の辛子和え(10人分)	
小松菜(満点ご飯の茎も使ってつくります)	500g
しめじ	200g
醤油	大匙2
だし	大匙2
砂糖	小匙1
粉辛子	小匙4
柚子	適宜(約1/2個)
●ワイン羹(10人分)	
ぶどうジュース(果汁100%)	大匙2
赤ワイン	小匙2
粉寒天	小匙1強
砂糖	70g
水	320cc
レモン汁	小匙2

のっぺい汁

❶人参、大根はいちょう切り、ごぼうは斜め切り、里芋は輪切り、葱は小口切りにします。豚肉もひと口大に切ります。
❷煮干しでだしをとり、人参、大根、ごぼうを煮ます。続いて豚肉、里芋を加えます。
❸調味し、里芋が柔らかくなったら水どき片栗粉を入れ、葱をちらします。
＊醤油、片栗粉は様子をみながら入れます。

小松菜の辛子和え

❶小松菜を茹で、食べやすく切ります。辛子を練っておきます。
❷しめじは小房に分け、調味料でさっと煮ます。
❸❷の汁に辛子をまぜ、小松菜を合わせます。
❹器に盛り、へぎ柚子を飾ります。

ワイン羹

❶水に粉寒天をふり入れて火にかけ、温まったら砂糖を入れ、まぜながら煮立たせます。
❷あら熱がとれた中にジュース、ワイン、を加え、最後にレモン汁を入れます。
❸水でぬらした型に流して冷やし固め、切り分けて盛りつけます。

■松戸友の会
＊180食を20人でつくります。
＊ご飯は50人分の釜で4回炊きます。
＊ワイン羹は家庭からもちよるので、型の大きさが揃っていませんが、みな同じ分量を流します。切ったとき形は不揃いでも、食べる量は同じです。

ポトフと白菜サラダ

冬野菜をふんだんにとり入れたからだのあたたまるお献立です。デザートにはワインゼリーを。

●MENU●
ご飯
ポトフ
白菜サラダ
ワインゼリー

WINTER

材料

●ポトフ（10人分）	
鶏手羽元	大10本（小20本）
玉葱（みじん切り）	小1個分
セロリの葉（みじん切り）	1本分
塩	大匙1
小蕪	10個
じゃが芋	小10個
人参	3本
玉葱	5個
キャベツ	中1個
ブロッコリー	1株
ベイリーフ	2枚
水	14カップ
固形スープの素	3個
にんにく	2片
塩	小匙1½
胡椒	少々
●白菜サラダ（10人分）	
白菜	500g
りんご	1個
レーズン	大匙山盛り6
ドレッシング	
酢	大匙6
レモン汁	小匙2
サラダ油	大匙8
塩	小匙1
胡椒	少々
砂糖	小匙1
●ワインゼリー（1単位・8～10人分）	
粉寒天	3g
水	500cc
赤ワイン	大匙3
砂糖	50～70g
生クリーム	50cc
砂糖	大匙1/2

ポトフ

❶鶏手羽元は洗って水けをとります。
❷玉葱とセロリはみじん切りにして肉と一緒にまぜ、塩をします。そのままポリ袋に入れて、もみこむように肉になじませ、袋の口をとじて冷蔵庫でひと晩ねかせます。
❸ブロッコリーは小房に分け、別に茹でておきます。
❹大きな鍋に肉を入れて、水をそそぎ、煮立つまでは強火、そのあとは弱火にしてあくをとり、ベイリーフ、にんにく丸ごと、固形スープの素を入れ、約20分煮ます。
❺人参は3～4つに切り、玉葱は2つ割りにします。蕪は軸をつけて皮をむき、じゃが芋は皮をむいて丸のまま加え、さらに10分ほど

煮こみます。

❻最後にキャベツを半分に切って加え、火を通し、味をみて塩、胡椒で味をととのえます。

❼盛りつけるとき、キャベツは5等分にし、ブロッコリーも加え、最後にスープをそそぎます。

白菜サラダ

❶白菜をよく洗い、軸は短冊に、葉は食べやすく切ります。

❷りんごは8等分にし、芯をとっていちょう切りにします。

❸レーズンは湯通しし、水けをとっておきます。

❹ドレッシングをつくり、白菜、りんご、レーズンを和えます。

ワインゼリー

❶鍋に水と寒天を入れて、煮とかします。

❷砂糖を加え、とけたら火を止め、赤ワインを入れ、型に入れて冷やし固めます。

❸生クリームに砂糖を加えてホイップし、しぼり袋に入れ、ワインゼリーの上に丸くしぼり出します。

■津友の会

＊ご飯は1人分180g（米で80g）。

＊40食を4人でつくります。

手打ちうどんの定食

**こしのある手打ちうどんはいかがですか？

昆布とかつおの削り節でとっただしと、上にのせる揚げのおいしさが、しこしこ麺を引き立てます。**

手打ちうどん

うどん

❶粉、水、塩をまぜ合わせ、丈夫なポリ袋に入れて足（かかと）で踏みつけながらこね、一つにまとめます。

❷常温で3～6時間ねかせます。

＊前日、各自が家でここまでして、当日もちよります。

❸たっぷり打ち粉をし、70×40cm、厚さ3mmにめん棒でのします。

❹めん棒に巻きつけながら屛風だたみにし、厚さと同じ幅（3mm）に切ります。

❺ひと握りずつとり、端を持って台の上に打ちつけるようにしながら屛風だたみの折り目をのばし、さばきます。

❻たっぷりの湯で茹でます。4～5分して一度浮いてきたら差し水をし、再度浮き上がってきたら茹で上がりです。

❼ざるにとり、水洗いと水きりをして1玉（約180g）ずつに分け、タオルなどの上で水けをとってラップで包んでおきます。

●MENU●

手打ちうどん
ぎせい豆腐
青菜の柚子びたし
大根の甘酢漬け
昆布の煮もの
きんかんの甘煮

材料

●手打ちうどん

うどん(1単位・10玉分)	
中力粉	800g
水	360cc
塩	大匙2
うどんのだし(10人分)	
昆布	40〜60g
水	4ℓ
削り節	140g
薄口醤油	170cc
みりん	60cc
揚げ(10人分)	
油揚げ	2½枚
だし	1/3〜1/2カップ
砂糖	大匙1½
醤油	大匙1
みりん	小匙1
その他の上のせ(10人分)	
かまぼこ	100g(1本)
生わかめ	50g
長葱	2本
揚げ玉	50g

●ぎせい豆腐(1単位)(20人分・容器21×27×3cm)

木綿豆腐	2丁
豚薄切り肉(挽肉でも)	100g
人参	80g
干し椎茸	3枚
長ひじき(乾)	10g
卵	3個
┌醤油	大匙3
│酒	大匙2
└砂糖	大匙1
三つ葉	1把

●青菜の柚子びたし(10人分)

ほうれん草	260g
春菊	140g
しめじ	200g
醤油	小匙2
A┌だし	小匙2
│薄口醤油	小匙2
│酒	小匙2
└みりん	小匙2
B┌柚子のしぼり汁	大匙2〜3
│薄口醤油	大匙2
│酒	小匙2
└砂糖	小匙2
柚子の皮	適宜

●大根の甘酢漬け(1単位・15人分)

大根	500g
┌砂糖	50g
│塩	20g
└酢	大匙1½

●きんかんの甘煮(1単位・10人分)

きんかん	200g
砂糖	80g
水	大匙2
洋酒(オレンジキュラソー・ブランデーなど)	大匙2

WINTER

うどんのだし

❶昆布に切り目を入れ、4ℓの水に3時間以上つけます。

❷昆布を入れたまま弱火にかけ、沸騰直前に昆布をとり出し、削り節を入れて約10分煮出します。

❸金ざるに布巾2枚を敷き、漉します。

❹でき上がり3.5ℓのだし(たりない場合は、二番だしで補う)に、薄口醤油、みりんで味つけをします。

揚げ(上のせ)

❶油揚げを湯通しし、めん棒で平たくして湯を切ります。

❷1枚を4つに切り分けます。

❸だしでしばらく煮てから調味料を入れます。

❹落とし蓋をして煮汁がなくなるまで煮ます。

その他の上のせ

かまぼこは5㎜ほどの厚さに、わかめは食べやすい大きさに切ります。

葱は小口切りにします。

仕上げの盛りつけ

大鍋に湯をたっぷり沸かしておき、深めの網杓子にうどんを1玉ずつ入れてしずめ、温まったら、あらかじめ湯につけて温めておいた丼につけます。上からだしをはり、上のせの具を彩りよく盛ります。

ぎせい豆腐

❶豚肉、人参、もどした椎茸はせん切りにします。ひじきはもどして3〜4cmに切り、水けをきっておきます。

❷調味料を煮立て、❶を火が通るまで煮ます。

❸別鍋で豆腐を茹でて布巾でしぼり、❷と合わせ、とき卵2個を加えて、よくまぜます。

❹容器に薄く油をひき(分量外)、❸を流し入れます。2cm長さに切った三つ葉をちらし、残り1個の卵をほぐして、表面に流し入れます。

❺230℃のオーブンで10分焼きます。フライパンに蓋をして焼いてもよいでしょう。切り分けて供します。

青菜の柚子びたし

❶しめじは石づきをとり除き、小房に分け、Aでさっと煮て、そのまま冷まします。

❷青菜を茹で、3〜4cmに切り、醤油をかけてかるくしぼります。

❸食卓に出す直前に青菜としめじを合わせ、Bで和えます。器に盛り、細く切った柚子の皮を飾ります。

大根の甘酢漬け

❶大根は2つ割りまたは4つ割りにします。

❷調味料を合わせてからませ、密閉容器に入れます。水が上がって2〜3日したら、食べやすい大きさに切っていただきます。

昆布の煮もの

だしをとったあとの昆布を食べやすい大きさに切ってつくります。

昆布500gに対して醤油大匙2、砂糖小匙1で調味し、だし(二番だしでよい)をひたひたに加え、煮汁がなくなるまで煮ます。1人10〜15g見当です。

きんかんの甘煮

❶きんかんはかぶるくらいの水につけ、半日あくをぬきます。

❷きんかんのまわりに縦に切り目を入れ、2〜3回水を替えながら柔らかく茹で、水の中でかるくもんで種を出します。

❸鍋に水と砂糖を入れて煮とかし、きんかんを入れて煮つめます。

❹洋酒を加え2〜3分煮ます。

■岡山友の会

＊100食を15人くらいでつくります。

＊10時までに仕上げるときは、もちよりにし、9時から盛りつけを始めます。

こっくりと煮こんだハヤシライス

粉をバターでていねいに炒めてつくるブラウンルウが、このハヤシライスの味の決めてです。

●MENU●
ハヤシライス
ロシア漬け
さつま芋のレモン煮
人参ゼリー

材料

●ハヤシライス（10人分）	
牛肉薄切り	400ｇ
豚肉薄切り	80ｇ
玉葱	750ｇ
人参	120ｇ
ワイン	100cc
水	3カップ
トマトジュース	5缶（190cc×5）
サラダ油	大匙2
ブラウンルウ	
┌バター	大匙6
└小麦粉	約90ｇ
┌固形スープの素	2個
塩	小匙1½
醤油	大匙1½
ウスターソース	大匙1½
砂糖	約小匙1/4
トマトケチャップ	大匙3
レモン汁	大匙1½
ベイリーフ	2枚
└ナツメッグ	少々
パセリのみじん切り	適宜
ご飯	1人180ｇ（米で80ｇ）
●ロシア漬け（1単位・30人分）	
キャベツ	1kg
胡瓜	500ｇ
大根・人参・玉葱	各250ｇ
昆布（または蒸し昆布10ｇ）	10cm
塩	大匙3
酢	小匙2
ドレッシング	
砂糖	小匙1
酢・サラダ油	各大匙4
●さつま芋のレモン煮（10人分）	
さつま芋	2本（500ｇ）
レモン（薄切り）	4〜6枚
砂糖	大匙4〜5
塩	少々（小匙1/10）
●人参ゼリー（1単位・10〜12人分）	
人参	250ｇ
水	400cc
砂糖	130ｇ
レモン汁	50cc
┌粉ゼラチン	25ｇ
└水	100cc
オレンジキュラソー	大匙2

WINTER

ハヤシライス

❶肉はひと口大に切ります。

❷熱した鍋にサラダ油を入れ、薄切りにした玉葱をしんなりするまで10分くらい炒めます。いちょう切りの人参も加え、炒めます。肉も入れ、色が変わるまでよく炒め、ワインを加えます。

❸水とトマトジュースを加えて煮立て、あくをとります。

❹別鍋でブラウンルウをつくります。分量のバターをとかし、小麦粉を加えてよく炒めます。中火よりも弱いくらいの火で、ていねいに炒めつづけ、❸の煮汁でのばします。

❺ブラウンルウを❸の鍋に加え、調味料類を全部入れ、1時間くらい煮こみます。最後に味をみてととのえます（分量外）。
❻炊き上がったご飯と器に盛り合わせ、パセリをふります。

ロシア漬け

❶キャベツはひと口大に切り、胡瓜、大根、人参は薄い短冊切り、玉葱は薄切りにして、2％の塩をします。せん切りにした昆布を合わせ、酢を加えてまぜ、重石をして4時間おきます。
❷水けをきってドレッシングで和えます。

さつま芋のレモン煮

❶さつま芋は皮つきのまま1㎝厚さの輪切りにし、水にはなしてあくをぬきます。
❷鍋にさつま芋を入れ、ひたひたの水、レモン、調味料を加え、柔らかくなるまで煮ます。

人参ゼリー

❶人参は適当な大きさに切り、柔らかく煮て、砂糖と水とともにミキサーにかけます。
❷ゼラチンは分量の水でふやかしておき、湯煎でとかします。
❸人参とゼラチン、レモン汁、オレンジキュラソーを合わせてまぜ、型に入れて冷やします。
＊ミントの葉を飾ってもよいでしょう。

□熊本友の会

＊30食を6人でつくります。

冬ならでは、おでんの献立

おでんは前日から煮こみ、当日温め直して各お皿へ盛りつけます。ゆっくり煮含めるので、味がよくしみていて、好評です。

●MENU●
ご飯
おでん
即席漬け
オレンジジュースゼリー

おでん

❶福袋の干し椎茸をひたひたの水でもどしておきます。
❷だし用の水に昆布を入れ、昆布がふくらんだらとり出して水けをかるく拭き、3×15㎝に切って、結び昆布にします。
❸昆布のつけ汁を火にかけ、煮立ったら削り節を入れ、しばらく煮てから漉し、だしをとります。
❹大根は3～4㎝厚さに切って面とりします。たっぷりの水に大根と、米を入れた袋を入れ、少し透き通るほどに茹でます。

材料

●おでん(10人分)		
だし		4ℓ
	水	21カップ
	削り節	80g
	昆布(3×15cm)	10本
A	塩	30g
	醤油	1/2カップ弱
	酒	60cc
	砂糖	35g
大根		1kg
(下茹で用米		大匙2)
こんにゃく		2枚
ちくわ		5本
さつま揚げ(小)		10枚
茹で卵		10個
福袋		
油揚げ		5枚(1人1/2枚)
かんぴょう		15cm10本
	鶏挽肉	120g
	しらたき	1/2玉
	干し椎茸(もどしておく)	小4枚
	人参	60g
	水	60cc
	醤油	20cc
	みりん	20cc
とき辛子		適宜(小匙5)
●即席漬け(10人分)		
キャベツ		500g
胡瓜		140g
人参		60g
昆布		約6cm
塩(1時間くらいで食べるときは全体の重さの2%塩分、ひと晩おくときは1.5%塩分)		
●オレンジジュースゼリー(1単位・10人分)		
オレンジジュース(果汁100%)		750cc
砂糖		50g
	粉ゼラチン	23g
	(大匙2$\frac{1}{3}$・ジュースの3%)	
	水	大匙4(60cc)

＊ジュースは、甘夏、ぶどうなどでもよい。

❺こんにゃくは塩もみして（塩は分量外）さっと茹で、三角に切ります。

❻だしにAの調味料を加え、大根、こんにゃく、昆布など味のしみにくいものから入れ、中火で煮始めます。

❼途中で斜め半分に切ったちくわと、さつま揚げなどの練り製品を、湯通しして加えます。

❽油揚げも湯通しして半分に切り、福袋の用意をします。

❾しらたきは塩もみし（分量外）、茹でて細かく切ります。椎茸、人参はせん切りにします。かんぴょうを水にひたしてもどしておきます。鶏挽肉、しらたき、椎茸、人参を分量の水と調味料で煮汁がなくなるまで煮て油揚げに詰め、もどしたかんぴょうで結び、鍋に加え煮ていきます。

❿茹で卵は長く煮ない方がよいので、最後に加えます。大根がやわらかくなるまで煮たら、火を止め味を含ませます。翌日、温め直し、熱々を器につけてだしをはり、とき辛子を添えます。

＊大量に煮る場合は、茹で卵と福袋は金ざるに入れ、別鍋にとり分けてだしで煮ると、とり出しやすく、煮くずれることもありません。

＊おでんの塩分は煮汁の（材料の重さではなく）1.2～1.5%と考えます。

即席漬け

すべての材料を細切りにして塩をしておきます。水けをかるくしぼって盛りつけます。

＊ひと晩おいたときは、レモンや柚子のしぼり汁をかけると香りがよい。

オレンジジュースゼリー

❶水にゼラチンをふり入れ、水を吸ったら湯煎し、とかしておきます（ゼラチンの量が多いので）。

❷$\frac{1}{3}$量のジュースに砂糖を入れて、火にかけ、砂糖がとけたら火からおろし、とかしておいたゼラチンを入れ、よくまぜます。

❸残りの冷たいジュースと合わせます。一度漉して、まぜながら少し温度を下げ、水でぬらした容器に入れてよく冷やし固めます。

＊りんご果汁100%のジュースはペクチンが多いので、ゼラチンの量を2%～2.5%にしてもよく固まります。

＊気温の低いときも2～2.5%に。

■横須賀友の会

＊50人分を7人でつくります。

100人分のカレーづくり実働

大阪友の会生産部

大阪友の会自慢のビーフカレーづくりの働き方を、前日準備から、簡単なタイムテーブルにそってお伝えしましょう。

このカレーはルウを別につくり、具をあとで加えて煮こむ方法です。ルウと牛すじ肉からていねいにとったスープさえつくりおけば、いつでもおいしい極上のカレーに仕上げることができます。

●大阪友の会生産部でつくるこのルウは、例会食のほかセール（バザー）のときに販売して好評のものです。

前準備にかかる時間

カレールウ　約90分

スープ用牛すじ肉煮こみ　約120分

ピクルスづくり　大豆を水に5～6時間つけ、茹でておく（普通の鍋なら約1時間、圧力鍋なら約15分）。

献立

- ビーフカレー
- 大豆入りスイートピクルス
- 薬味

大豆入りスイートピクルス

豆を茹でる

前日からひと晩浸しておいた大豆を圧力鍋で茹でる。煮立つまでは蓋なしで、あくをとり、圧力をかけて7～8分、5分蒸らしてざるにあげ、煮汁をきる。あまり柔らかくしすぎない方がおいしい。

ピクルスをつくり始める

ピクルス用の材料を洗って切る。2単位（1単位50人分ずつ）に分けておく。野菜全てをボウルに入れて、2％の塩をし、重石をしておく（当日すぐ食べるときは3％の塩をする）。

薬味にするキャベツの芯は、薄切りにして水けをとり、生醤油に浸して冷蔵庫へ。

ピクルス用調味料準備

小鍋で調味料を煮立てる。塩をしておいた野菜をしぼり、上から熱々の調味料をかける。冷めたら重石に皿をのせ、味をなじませる。

大豆入りスイートピクルス

（1単位・50人分）	
キャベツ（3～4cm角切り）	800ｇ
大根（蕪）（乱切り）	500ｇ
胡瓜（乱切り）	500ｇ
玉葱（薄切り）	200ｇ
ピーマン（せん切り）	200ｇ
人参（いちょう切り）	200ｇ
セロリ（斜め切り）	100ｇ
大豆（乾）	250ｇ（茹でて500ｇ）
塩	約大匙4（2～3％）
甘酢	
米酢	2カップ
水	1カップ
砂糖	120ｇ
ベイリーフ	3枚
赤唐辛子	3本
レモン汁	適宜

ビーフカレー

カレールウ

（約4kg・100人分）	
サラダ油	2カップ
バター	450ｇ
玉葱	2kg
生姜	200ｇ
にんにく	30ｇ
小麦粉	1kg
カレー粉	300ｇ
トマトケチャップ	300ｇ
醤油	500cc
ウスターソース	500cc
固形スープの素	10個

＊鍋は2個　直径36cm・深さ15cm

スープ

（1単位・50人分）	
牛すじ肉	1.5kg
玉葱・セロリの軸	約500ｇ
ベイリーフ	5～6枚
水	12ℓ

カレーの中身

牛肉薄切り	1.5kg
玉葱	4kg
じゃが芋	2kg
人参	2kg
りんご	1kg
カレールウ	約2kg
固形スープの素	8～10個
塩	大匙3～4
胡椒	適宜（約小匙1/2）
揚げ油	適宜

薬味（この中から2～3種）

らっきょう　紅生姜　福神漬け

茹で卵　くるみ　揚げ玉葱

ピーナッツ　ピクルス

キャベツの芯の醤油漬け

前日準備

2人
カレールウづくり10時〜12時（1人専従）
スープをとる　〃　ピクルス漬けこむ10時〜16時（1人）

時間	調理予定	ビーフカレー	
		カレールウ	カレー用スープ
10時	調理器具の準備	鍋　木杓子1　まな板1　包丁1　計量カップ1ℓ用1・200cc1　ボウル4（小2大2）計量スプーン　フードプロセッサーなど	**スープをとる** 大鍋に湯を沸かす。スープ用玉葱、セロリを細かく切る（ひと鍋分ずつする）。
10時30分〜	野菜を洗う・切る 調味料の準備	玉葱、生姜、にんにくはみじん切りに。 用途別に計っておく。	
	ルウつくり始める	サラダ油、バターで玉葱のみじん切りを弱火で約20分炒める。生姜、にんにくも加え、炒める。	
11時			**スープをつくり始める** ボウルにすじ肉を入れ、上から熱湯をたっぷりかけてざるに上げ、水を注いで、ざっと洗う。鍋にすじ肉、野菜、ベイリーフ、水を入れて強火にかける。煮立ったらあくをとり、弱火にし、2〜3時間煮る。
11時20分		ふるった小麦粉を入れ、さらに20分炒める。	
40分		カレー粉を加え、炒める。	
50分		調味料を加え、弱火で10分炒める。	
12時	カレールウでき上がり	約4kg・100人分のルウができ上がる。	
		カレーは、スープをとるまでを前日にし、夏場は鍋ごと冷蔵庫に入れる。寒い時期は野菜を切ってスープで煮、ルウの半量を加えてかるく煮るところまでしておいてもよい。	
13時 14時	カレーの材料を切る	玉葱はくし切り、人参は小さめの乱切りにする。じゃが芋も乱切りにし、さっと揚げておく（煮くずれ防止）。牛すじをとり出し、細かく刻んで鍋に戻す。スープの鍋に玉葱、人参、すりおろしりんごを入れ、人参が柔らかくなったら揚げじゃがとルウの半量を入れる。ときどき鍋を木杓子でかきまわす。	

当日

3人（100人が昼食時の15分間にばらばらにとりに来る場合）
5人（限られた時間に全員揃って食事をするとき）

時間	ご飯炊き／専従1人	カレー仕上げ／専従1人	ピクルス　薬味	盛りつけ　片付け
			1人＋ご飯の人がする	
9時	ご飯炊き準備 米を計り、洗う。 30分ざるに上げ、30分水に浸す。		ピクルスの天地を返し味をみる。 レモン汁で調整する。	
10時	食器準備	鍋を火にかける。牛肉に塩、胡椒し、強火で炒めて鍋へ。スープでといた残りのルウと調味料を入れ味を整える。焦げないようにときどき底からまぜる。	薬味準備 盛りつける。	食器類の準備 トレー、大皿、小皿、コップ、スプーン、フォーク、湯呑み
10時40分	炊飯開始 盛りつけ準備（ボウルに水をはる。ぬれ布巾、木杓子、菜箸）	味を整え、火を止める。 流しに湯をはり、湯煎する。		盛りつけ順序 ピクルスを小皿に盛る。 トレーにピクルスとスプーン、フォークをセットする。
11時20分	炊き上がり 10分蒸らす（秤、小鉢用意） 蒸らした後、天地を返し、かたくしぼったぬれ布巾をかけておく。 ご飯の盛りつけは食事開始15分前から			盛りつける人の動き ①ご飯を計る人は秤と計る器を2個用意 ②計ったご飯を大皿にうつし、形を整え、薬味をつける。 ③カレーをかける（玉杓子に1 1/2杯と決めて盛る） ④トレーにのせ、受け渡しテーブルへ。
12時	昼食始まる			お茶はお茶当番が別にいて、準備する。
13時	後片付け開始 食事後の食器は各自、汚れを落とし、流しへ運ぶ。			
14時	洗い終え、消毒庫へ。布巾は煮洗いして干す。掃除			
15時	終了			

家庭の味が基本

集会の日の昼食づくり

「例会」というのは、その地域の友の会会員が月に一度、一同に集う日のことです。最初はおべんとう持参から始まりましたが、料理の勉強も兼ねてかんたんな昼食を用意するようになり、やがてそれが例会の日の食事「例会食」として定着し、各地へ広がりました。大きな友の会なら一回に240食、小さい所で30食を月一回当番を決めてつくっています。

約束ごととして、食事当番にあたった人たちが、例会に出席できないような働き方はしないこと。献立を工夫し、手に余る内容にしないことが第一となっています。

豊橋、富山友の会からの声と各地の献立記録をご紹介します。

よい交流・よい生活の場に

豊橋友の会

例会食は、待ちに待った友の家が完成したときから始まり、16年になります。初めは生産部リーダーが中心となり、翌年からは毎月各最寄《もよ》り（友の会の最小単位。近くに住む人同士の集まり）が当番で担当しました。例会の日に会員がつくった昼食を、皆で揃っていただくことが、長い間の願いでしたので、会員の喜びもひとしおでした。

例会食についての昔からの記録を見ますと、長い間の積み重ねが感じられます。創立60周年の展覧会で、大豆のことがとり上げられた頃は、大豆料理が盛んに加えられ、青菜料理カードを出した頃には、青菜料理が献立に毎月入っていました。また、米不足の年にはタイ米料理も登場、「生活勉強」の歴史が表れています。

この2、3年は〝バランスよく食べましょう〟と励んだことから、とりにくい豆・豆製品を例会食の中にとり入れるようになり、また〝青菜を食卓に〟のテーマで全員が勉強にとり組み、一人当たり40～50ｇの青菜を必ずとれるように考えました（献立表参照）。例会食の当番は、食事のとき、今日の献立、エネルギー、蛋白質を報告します。また、環境問題について学んだことを生かし、後片付けの仕方も気をつけています。

最寄りが当番ですることによって、献立にも特色が出ます。農家会員の多い最寄りは自家製の米や野菜を使って、新鮮な野菜のおいしさを知ってもらったり、西瓜、柿、みかんなどの差し入れがあったりします。また、海辺に近い最寄りが担当のときは、ご主人が釣った魚が出たりと、いろいろな会員のいる豊かさをありがたく思います。

当番最寄りの感想からは「最寄りで責任を

1年間の例会食メニュー

■豊橋友の会

50～60食

月	献立	働き人	食数	1食金額	備考
4月	ご飯 肉だんごの酢豚風 蕪とはっさく漬け 白花豆のドレッシング和え ごぼうと菊芋の味噌漬け	前日 4名 当日 3名	46食	231円	筍　会員自家製
5月	青豆ご飯 若筍の吸いもの 新じゃがと鶏つくねの揚げもの ほうれん草とえのき茸のレモン醤油和え グレープフルーツゼリー	前日 5名 当日 8名	53食	232円	
6月	大豆と梅干しのご飯 油淋鶏（青梗菜・ミニトマト添え） 南瓜の甘煮 ひじきのマリネ 春雨スープ　コーヒーゼリー	前日 6名 当日 6名	51食	204円	青梗菜　35ｇ／1人
7月	鮭ずし 高野豆腐の印籠煮 南瓜の甘煮　オクラの塩茹で ほうれん草と豆腐の吸いもの	前日 5名 当日 3名	50食	195円	しその葉　会員自家製
8月	すいとん 漬けもの　すいか	前日 2名 当日 2名	44食	39円	茄子・南瓜・いんげん・じゃが芋・椎茸・バイアム会員自家製
9月	ドライカレー 茄子の塩もみ 白花豆の甘煮　トマト	当日 6名	57食	233円	しその葉・モロヘイヤ 会員自家製
10月	ハゼの南蛮漬け　ご飯 南瓜のポタージュ きのこと青菜の柚子びたし	前日 3名 当日 5名	54食	233円	小松菜　40ｇ／1人
11月	栗おこわ 鶏肉の梅酒煮 ほうれん草のおひたし 大根の紫漬け 清汁　柿	前日 6名 当日 5名	51食	245円	ほうれん草　40ｇ／1人
12月	ご飯 ボルシチ ほうれん草のサラダ みかん	前日 6名 当日 5名	64食	243円	ほうれん草　50ｇ／1人
1月	おせち料理 伊達巻き・黒豆・田作り ほうれん草磯辺巻き・ミートローフ なます・りんごきんとん 清汁（手綱かまぼこ・亀甲椎茸等）	前日 11名 当日 9名	60食	229円	ほうれん草　40ｇ／1人
2月	中華丼 ほうれん草中華風サラダ 茹で大豆添え　りんご		46食	269円	ほうれん草　35ｇ／1人
3月	シチリア風鶏のグラタン　ご飯 豆のサラダ 青菜のスープ すき昆布の土佐煮 きんかんの甘露煮	前日 5名 当日 5名	57食	234円	パセリ・小松菜・春菊・ほうれん草 30ｇ／1人

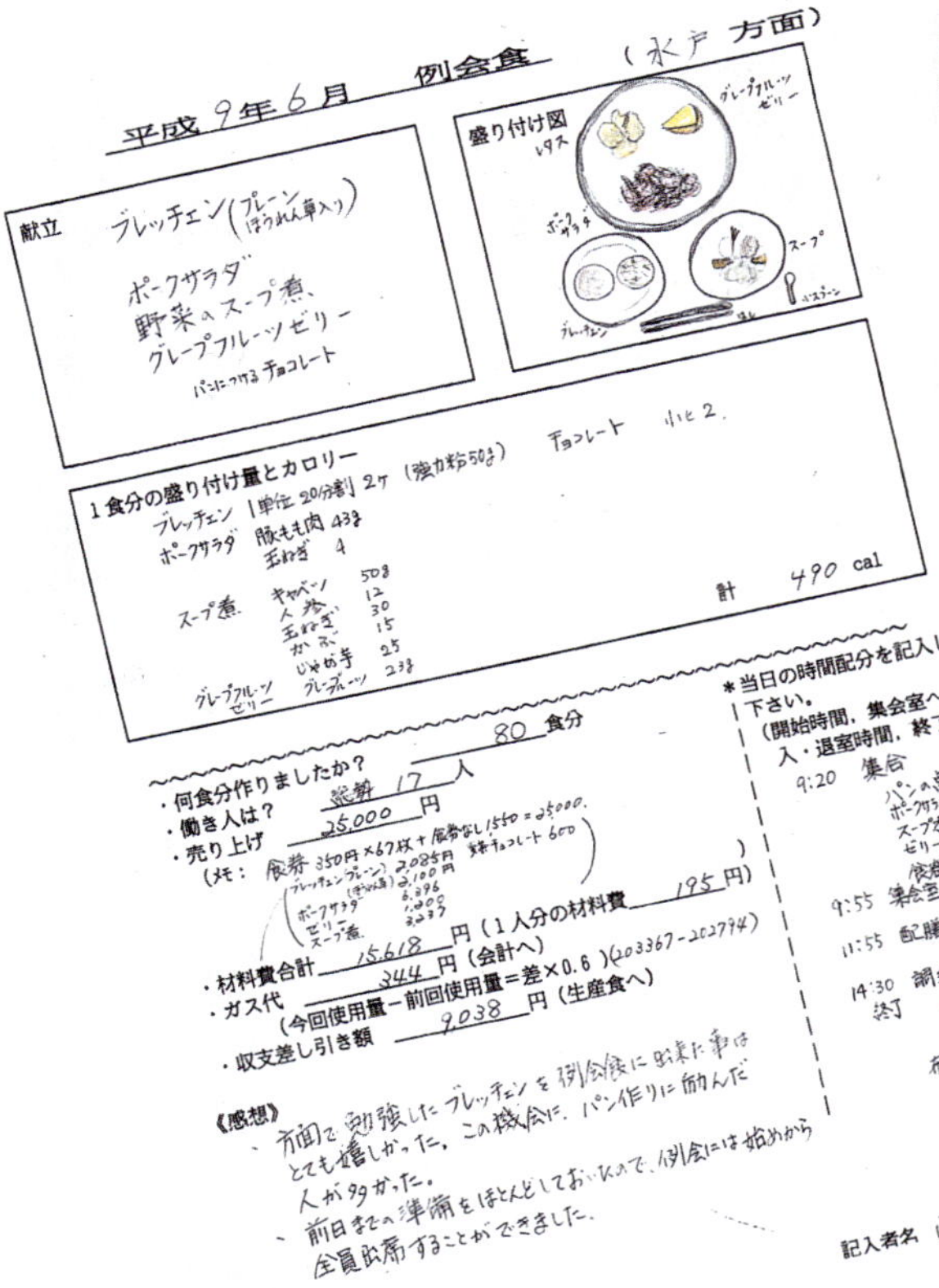

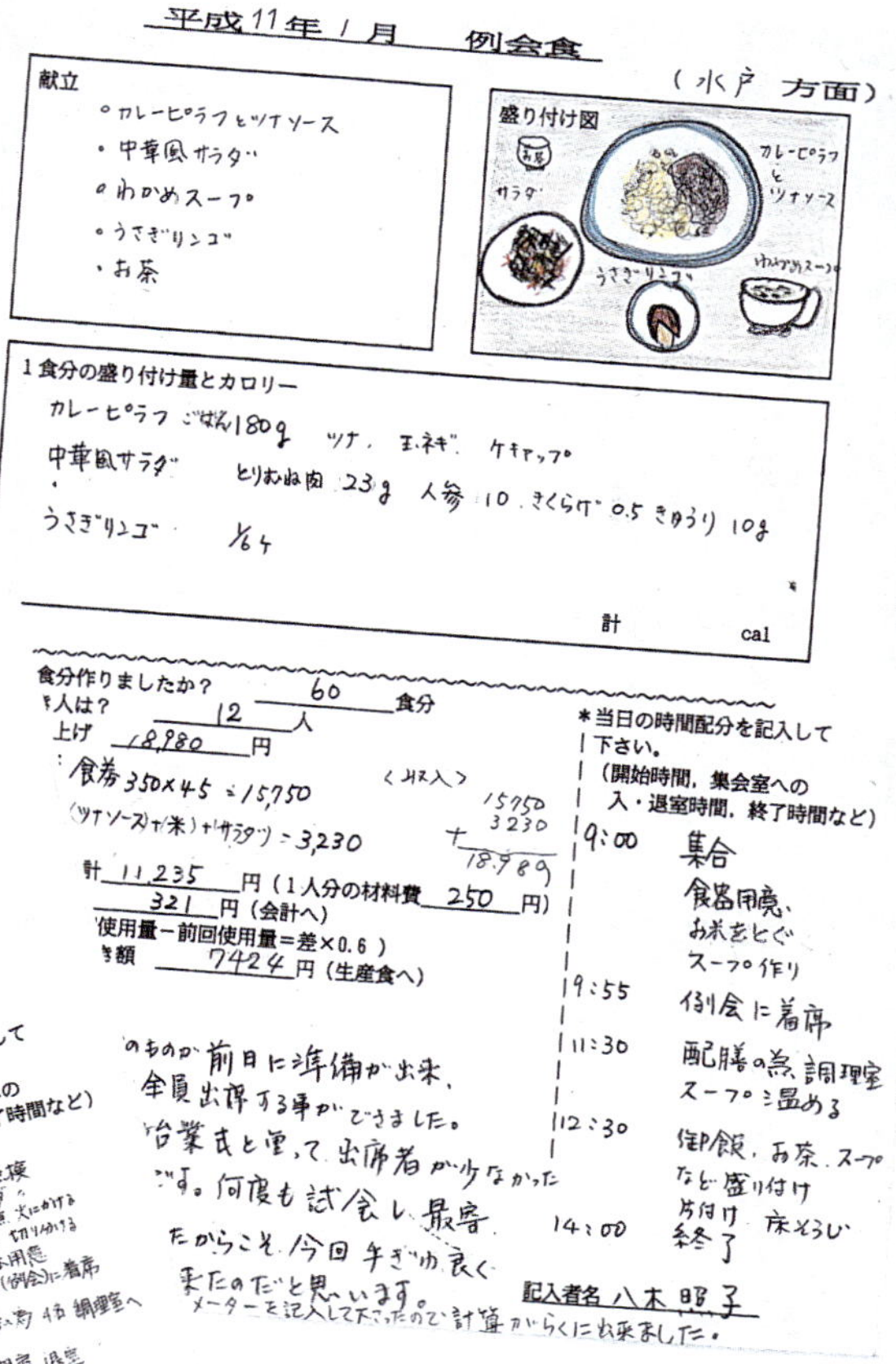

水戸友の会
例会食の記録カード

もって、一人一人が真剣にとり組み、相談して決めた献立を何度も試作してみるので、新しい調理法や味つけが身についた」「お互いの働きの中から得ることがあり、よい交流となった」「ふだんしたことのない多人数の食事づくりの勉強ができ、ほかの会合のときに役立った」などの声がきかれます。

また、年配会員のてきぱきと働く姿や、食器を温めるなどの心配りを目の当たりにすることで、成長していく若い会員の様子をみると、例会食をつくることが、お互いに学び合える場となり、より深い勉強ができていることを実感しています。

積み重ねてきた31年
とりあえずの昼食から始まった例会食

富山友の会

例会の日の昼食を準備するようになったのは、31年も前のことです。はじめは牛乳とパンといった簡単なものでしたが、だんだんに主婦の昼食ということも考え合わせ、最寄り単位で食事当番を受け持つようになりました。その後会員数が増え、毎月約120食を用意するようになってからは、合同最寄りを組んで食事当番にあたってきました。

多人数料理のため、料理の味つけは大匙小匙というわけにはいかず、塩分計算をきっちりして、塩、醤油の割り出しをします。また成分表から栄養計算もしています。

食事代は特別の月以外は250円です。この日の働きの中から本会計へ３０００円入れますので、当番の人たちは献立が決まると旬のも

■**神戸友の会**

240食

月	献立	働き人	食数	時間（前日＋当日）
4月	もち入りうどん 金時豆の甘煮 たくあんと胡瓜のきざみ和え	18名	240食	3時間
5月	穴子の卵とじ丼 野菜の即席漬け	23名	220食	3.5時間
6月	ドライカレー 野菜の甘酢漬け ペパーミントゼリー	16名	230食	3時間
7月	赤飯 鶏の梅酒煮 千種焼き 人参の甘煮 ししとうの素揚げ 奈良漬け すき昆布の土佐煮 マーマレードゼリー	19名	405食	5時間
8月	休み			
9月	茄子のカレー らっきょう漬け 梅ゼリー	12名	220食	8時間
10月	おでん 胡瓜とわかめの三杯酢 オレンジゼリー	17名	224食	7時間
11月	ミックスベジタブルライス 野菜の甘酢漬け 栗入り芋寒天	23名	220食	3.5時間
12月	休み			
1月	おぼろご飯 清汁 柚子大根 抹茶羹	15名	240食	8時間
2月	ご飯 豚汁 白金時豆の甘煮 ひじき、わかめ、きくらげの佃煮 きんかんの甘煮	10名	220食	6時間
3月	ちらしずし 清汁 金時豆の甘煮	11名	250食（お届け32食）	10時間

■**福岡友の会**

120食

月	献立
4月	春の炊きこみご飯 清汁（わかめ・豆腐） 野菜の甘酢漬け 煮豆
5月	カレーライス 大豆入りスイートピクルス 福神漬け
6月	大豆ご飯 のし鶏 春雨の酢のもの 袋茸とタピオカのスープ
7月	冷やし中華 南瓜の甘煮
8月	休み
9月	カレーライス らっきょう・福神漬け サラダ（キャベツ・大根・胡瓜・人参） 杏仁豆腐
10月	バターライス さつま芋とりんごのロールポーク ピクルス きのこのスープ
11月	人参ピラフ コロッケ（野菜サラダ添え） 清汁（そうめん・小葱） 茎わかめの佃煮 紫豆の甘煮
12月	トマトピラフのクリームソースかけ コンソメスープ（パセリ） 野菜の甘酢漬け 人参ゼリー
1月	ご飯 さつま汁 巌どり 胡麻豆腐 小松菜の辛子和え 日の出羹
2月	サンドイッチ3種 ・茹で卵とパセリ ・豚カツと生野菜 ・ほうれん草とクリームチーズ 紅茶
3月	ちらしずし 清汁（豆腐・わかめ・春雨） 煮豆

■**熊本友の会**

30食

月	献立
4月	ふじご飯 沢煮椀 筑前煮 漬けもの
5月	ロールパン ビーフシチュー グリーンサラダ オレンジゼリー
6月	休み
7月	カレーピラフ スープ 野菜の甘酢漬け デザート
8月	休み
9月	赤飯 七色なます 清汁 漬けもの （創立記念例会の食事）
10月	ハヤシライス グリーンサラダ ゼリー
11月	五目ご飯 なめこ汁 大徳寺なます
12月	ロールパン ホワイトシチュー 人参ドレッシング漬け ペパーミントゼリー
1月	ご飯 のっぺい汁 紅白なます きんとん 田作り
2月	ハヤシライス キャベツの甘酢漬け さつま芋の甘煮 人参ゼリー
3月	ちらしずし 清汁 金時豆 苺ゼリー

のをできるだけ安く、よい材料が手に入るよう探しています。時には自家生産のある人が沢山の材料を持ちこんだり、献立以外のもので食卓がにぎわうこともあります。

　後片付けの後、リーダーは記録ノートをつけます。献立、栄養価、準備の食数、実際の食数、費用、働いた人数などを書きますが、記録の仕方に決まりがないので、中には献立を絵で表し、色までつけたものや、準備の様子、反省、感想などたくさんのことが書かれます。

　とりあえずの昼食から始まった例会食でしたが、いつの間にか一月は新年らしい献立、三月にはちらしずしなど、季節に合った定番の献立もできてきました。また年配の人と組んだときには郷土料理なども組みこまれているので、若い人たちにはよいゆずりになっています。

　当番を通しての感想は、一見小人数のバラバラの働きのように見えて、実は一環した全体勉強であったことを思います。今は職業をもつ人も増え、食数がやや減りました。同時に人手もなかなか確保できないときもありますが、それなりに工夫して試行錯誤の一回一回を、これからも皆で続けていきたいと思っています。

もてなしのメニュー

お祝い会、クリスマス会、新年会、
そのほか遠方からの来客を迎える席に、
心をこめてととのえた「もてなし料理」の数々。
旬の素材を生かした和風の献立、洗練された洋風メニュー、
その地方ならではの食材を使った郷土料理、
各地の特色のあるおすし……。
これは全て、各地友の会のグループ調理による
「もてなし料理」です。
数人分から600人分までの実例から。

もてなしにも夕食にも

新鮮な山海の味で

とれたての魚介や伊予特産の柑橘類を使った春らしいお献立です。
山の幸にも海の幸にも恵まれた、松山ならではのお客料理をおたのしみください。

●MENU●
一合押しずし
鯛の清汁
煮もの
生たらこと蕗　若竹煮
菜の花の辛子和え
きんかんの甘煮
伊予柑ゼリー

SPRING

材料

●一合押しずし（10人分）	
酢めし	
米	5カップ
水　5½カップ（米のかさの1割増）	
酒	大匙2½
昆布	約10g
合わせ酢	
酢	1/2カップ
砂糖	50g
塩	大匙1
穴子	
穴子（生）	300g
醤油	小匙4
砂糖	大匙2
みりん	小匙4
酒	大匙4
えび	
えび　12〜13尾（殻をとって100g）	
酢	小匙4
砂糖	小匙2
だし	小匙2
塩	小匙1/6
そぼろ	
白身魚	100g
塩	小匙1/6
砂糖	大匙1½
酒	大匙1½
食紅	少々
椎茸	
干し椎茸	小15枚
醤油	大匙2
砂糖	大匙4
みりん	大匙3
卵焼き	
卵	2個
砂糖　小匙2（1個に小匙1）	
塩　小匙1/4（1個に小匙1/8）	
サラダ油	小匙1/2
さやえんどう	
さやえんどう	15枚
塩　少々（材料の約0.5%）	

一合押しずし

香川に伝わる「一合押しずし」は、正方形（6.7×6.7cm）の専用押し型を使います。

酢めし

❶米を洗ってざるに上げておきます。
❷米に酒と昆布のつけ汁を合わせて水加減し、炊き上げます。
❸飯台にあけ、合わせ酢をまわしかけ、手早くまぜて広げ、冷まします。

穴子

❶穴子は素焼きにします。電子レンジに2分かけてもよいでしょう。そのあと、少し押しをしておくと形がととのいます。

❷分量の調味料を沸かし、弱火で煮ながら照りをつけます。少し液が残っているくらいで火を止め、約3cm幅に切ります。

えび

❶えびは背わたをとって鍋に入れ、同割の酒と水（分量外）をえびの八分目まで入れ、塩小匙1/5を加え、強火で火を通します。

❷殻をむいて分量の酢、砂糖、だし、塩に30分くらい漬けます。

そぼろ

❶塩（分量外）を加えた熱湯で魚に火を通します。骨、皮、血合いを除いてぬれ布巾にとり、水の中でもむようにして洗い、布巾の上からもみほぐします。

❷分量の調味料に薄く紅をとかしてまぜておきます。厚手の鍋に魚の身を入れて中火にかけ、まぜながら調味料を少しずつ加えていき、そぼろにします。

椎茸

❶干し椎茸は、水につけてもどし、石づきをとり、ひたひたのもどし汁と調味料（砂糖は大匙1残す）と共に鍋に入れて火にかけます。煮立つまでは強火にし、あくをとり、蓋をして煮含めます。

❷煮汁が少なくなったら残りの砂糖をまぶしつけて照りを出します。10枚は飾りに、5枚はみじん切りにします。

伊予柑ゼリー

卵焼き

❶卵焼き器（16×13㎝）に油をひいてよく熱しておきます。卵は1個ずつ焼きます。卵に砂糖と塩を加えてよくほぐします。卵焼き器に卵液を一度に流して弱火で焼き、表面にしめりけがあるうちに、クルクルと手前から4つにたたみ、平らにします。

❷約3㎝幅に5つに切ります。もう1個も同様にします。

さやえんどう

塩をひとつまみ落とした沸騰湯でさっと茹で、塩をふって手早く冷ましておきます。斜め半分に切ります。

仕上げ

押しずしの型の下にラップを敷きます。すし飯1個分150gの半分を入れてかるく押します。椎茸の甘辛煮のみじん切りを並べ、残りのすし飯を入れて、またかるく押します。卵焼き、椎茸、穴子、そぼろを表面の¼ずつにおき、えび、さやえんどうを飾ります。

＊この米の量で一合押しずしが12個できます。

鯛の清汁

❶うどは、皮を厚くむきます。薄くかつらむきにして、6〜8㎜幅の斜め切りにし、水に放してあくをとります。

❷鯛の鱗をていねいにひき、えらと内臓をとります。頭を落として身の部分を三枚におろし、適宜に切ります。頭は目が左右に分かれるように2つに、中骨は2〜3つにします。

❸頭と骨についている血をとり除き、水できれいに洗い流します。少し多めの塩をしてざるに並べ、水分が下に落ちるようにしておきます。冷蔵庫に1時間以上おき、水洗いして水けをきっておきます。

❹切り身は薄塩をして、頭、骨と同じ処理をして水けをきっておきます。

❺切り身、頭、骨を熱湯にさっとくぐらせ霜降りにし、氷水にとります。残っている鱗などをきれいにとり除き、水けをきります。

❻鍋に水、昆布、頭、骨、切り身を入れ、中火にかけて煮ます。あくをていねいにとり、煮上がってきたら昆布を引き上げて酒と塩を入れます。必ず塩加減をみて味をととのえます。

❼鯛に火が通ったら、香りづけに醤油を1〜2滴落とします。鯛の旨みを残すため、煮すぎないように注意します。

❽椀に鯛と汁をよそい、うどと木の芽を浮かせます。

煮もの

生たらこと蕗

❶生たらこは、竹串を使って血管を除き、塩水で洗って2〜3㎝に切ります。

❷蕗は板ずりにしてから茹で、薄皮をむいて5㎝長さに切ります。
❸生姜は皮をむき、半分を薄切りに、残りを細いせん切りにします。
❹鍋にだしと調味料を入れ、煮立ったところへ薄切りの生姜と、たらこを1切れずつ指で切り口からくるっと返して入れ、落とし蓋をして弱火で20~30分煮てとり出します。
❺煮汁に蕗を入れてかるく煮、鍋ごと冷水に浮かべて冷まします。たらこも鍋に戻し、20~30分ひたして味を含ませます。器に盛って針生姜を添えます。

若竹煮

❶筍は、太いところは1㎝厚さの輪切り、先は縦に切ります。
❷わかめをもどして食べやすい長さに切ります。
❸鍋に筍を入れ、だしと調味料を入れ、煮立ったら中火で20分煮ます。
❹わかめを加え、ひと煮立ちさせてでき上がりです。

菜の花の辛子和え

❶菜の花は茹でて冷水にとり、塩をふって味をつけ、3㎝長さに切ります。
❷ゆるくといた辛子を醬油とだしでとき、砂糖を加えて菜の花を和えます。

きんかんの甘煮

❶きんかんは洗って縦に切り目を入れます。
❷たっぷりの湯を沸かし、きんかんを少量ずつ入れ、浮き上がったら網じゃくしでとり出します。
❸あら熱がとれたら、上下を押さえて種を出し、重さを計っておきます。
❹鍋にきんかんと分量の水を入れて10分ほど煮ます。砂糖を2回くらいに分けて入れます。
❺弱火で30~40分煮て仕上げます。きんかんがシロップから出ないようにすると、つぶれません。

＊きんかんは生1粒15~17g、煮上がると約20gです。

伊予柑ゼリー

❶伊予柑の上部¼くらいを横に切り、中身をスプーンでくりぬきます。皮はケースにします。とり出した伊予柑の実をしぼり、ジュースをとります。
❷みかんは横半分に切ってしぼり、ジュースをとります。
❸ゼラチンを水でしめらせておきます。
❹伊予柑とみかんのジュース、水、砂糖を合わせて温め、❸を加えてよくまぜます。砂糖は伊予柑、みかんの甘さで加減します。
❺リキュールを入れ、あら熱をとってから❶のケースに流しこみ、冷蔵庫で冷やし固めます。好みの大きさに切り分けます。

■松山友の会　来客もてなしメニュー

＊35食を10人でつくりました。1食1000円でした。

●鯛の清汁（10人分）	
鯛	1尾（700〜800g）
天然塩	大匙3
水	10カップ
昆布	10g
酒	大匙3
塩	小匙1弱
薄口醬油	1〜2滴
うど	4〜5㎝
木の芽	10枚
●煮もの（10人分）	
生たらこと蕗	
生たらこ	400g
蕗	2〜3本
昆布だし	260cc
みりん	大匙5
酒	120cc
薄口醬油	大匙3
砂糖（好みで）	小匙2
生姜	1片
若竹煮	
茹で筍	300g
わかめ（もどして）	100g
だし	2カップ
醬油	大匙2
塩	小匙1/2
砂糖	大匙1
みりん	大匙1
●菜の花の辛子和え（10人分）	
菜の花	400g
塩	小匙2/5
辛子醬油	
練り辛子	小匙1〜2
醬油	大匙2
だし	大匙2
砂糖	小匙2
●きんかんの甘煮（1単位）	
きんかん	500g
砂糖	250〜400g
水	1¾カップ
●伊予柑ゼリー（1単位・12人分）	
伊予柑	3個
みかん	3〜4個
水	200cc
砂糖	100〜150g
┌粉ゼラチン	大匙3
└水	大匙6
好みのリキュール	大匙1½

＊この分量でジュースが、伊予柑から200cc、みかんから200ccとれます。

親しい友人を招くとき

主菜から、スープ、サラダ、デザートまで、
とり合わせの彩りがきれいな若向きの献立です。

●MENU●

鶏のソテーカレー風味
グリーンピースのポタージュ
グリーンサラダ
フルーツゼリー
パン

SPRING

鶏のソテーカレー風味

❶鶏肉は1切れを40gのそぎ切りにし、塩、胡椒します。小麦粉をかるくまぶし、サラダ油で両面を焼きます。

❷カレーソースをつくります。玉葱、にんにくはみじん切り、トマトは湯むきして種をとり、粗みじんにします。鍋にサラダ油を入れ、玉葱、にんにくを炒め、トマト、レーズン、カレー粉、白ワイン、スープを加えてしばらく煮ます。

❸鶏肉を加えて煮ます。

❹塩、胡椒で味をととのえ、生クリームを加えます。

人参グラッセ

人参はシャトー切りにし、バターで炒め、ひたひたの水、砂糖、塩を加えて柔らかくなるまで煮ます。胡椒で味をととのえます。

いんげんのソテー

いんげんはかために茹でて半分の長さに切り、油で炒め、塩、胡椒で調味します。

＊クレソンを洗って適宜に切り、盛りつけます。

グリーンピースのポタージュ

❶じゃが芋は賽の目に切り、水にさらします。玉葱は粗みじんに切ります。

❷鍋にバターを熱し、玉葱を透き通るまで炒め、小麦粉をふり入れ、さらに炒めます。じゃが芋も加え、スープを加えて煮ます。

❸じゃが芋が柔らかくなったらグリーンピースを入れ、1～2分たったら火を止めます。

❹あら熱をとり、ミキサーにかけて、裏漉します。牛乳を加えて温め、味をととのえます。

❺器につけ、生クリームをスプーンで円を描くように流し、中心にクルトンを浮かべます。

＊クルトンは、5㎜角の賽の目に切ったパンを180℃のオーブンでこんがりと焼きます。

グリーンサラダ

❶キャベツはせん切り、胡瓜は縦半分にして斜めに薄切りにします。

❷ピーマンは細切りにし、さっと茹でます。ルッコラは洗って適当な長さにちぎります。

❸ドレッシングの調味料を合わせ、皮をむいたキウイのみじん切りをまぜます。

❹野菜を彩りよく器に盛り、ドレッシングをかけます。

フルーツゼリー

❶フルーツはすべて1.5㎝角に切ります。ボウルにパールアガーと砂糖を入れてよくまぜ、その中に熱湯を加えながらまぜます。

❷フルーツを加え、水でぬらした型に入れ、冷やし固めます。

❸型から出して器に盛り、ミントを飾ります。

＊パールアガーは海藻から抽出した多糖類が原料のゲル化剤。冷やさなくても固まります。

＊バットに流すと切り分けにくいので、1個ずつ型で固めた方がよいでしょう。

■富山友の会　北陸リーダー会の昼食

＊150食を15人でつくりました。1食800円頂きました。

材料

●鶏のソテーカレー風味（10人分）	
鶏もも肉	800g
塩	小匙1
胡椒	少々
小麦粉	約大匙5
サラダ油	大匙1½
カレーソース	
玉葱	中2個
にんにく	2片
トマト	4個
サラダ油	大匙3
レーズン	50g
カレー粉	大匙2
白ワイン	1カップ
スープ（固形スープの素1個）	2カップ
生クリーム	150cc
塩	小匙1
胡椒	少々
つけ合わせ	
人参	500g
砂糖	大匙2
塩	小匙1
バター	20g
胡椒	少々
いんげん	300g
サラダ油	大匙1½
塩	小匙1弱
胡椒	少々
クレソン	8～10本
●グリーンピースのポタージュ（10人分）	
グリーンピース（冷凍）	4カップ
じゃが芋	300g
玉葱	140g
バター	大匙4
スープ（固形スープの素2個）	4カップ
小麦粉	大匙1½
牛乳	4カップ
塩・胡椒	各少々
生クリーム	1/2カップ
食パン（クルトン用）	1枚
●グリーンサラダ（10人分）	
キャベツ	400g
胡瓜	4本
赤・黄ピーマン	各1個
ルッコラ	1把
キウイ入りドレッシング	
練り辛子・塩	各小匙1
胡椒	少々
酢	大匙6
サラダ油	大匙5
玉葱（みじん切り）	大匙1
キウイフルーツ	2個
●フルーツゼリー（10個分）	
苺	10個
バナナ	1本
黄桃（缶詰）	2切れ
パールアガー	大匙1½
砂糖	100g
熱湯	700cc
ミントの葉	適宜

喜寿のお祝い点心盆

喜寿や米寿のお祝いの日に。先を歩んでくださった方への感謝と、高年になっても自立してしっかり生活してゆきたい強い希いをお膳にこめて。

●MENU●

点心盆
- **ご飯** ピースご飯
- **向付** 酢味噌和え
- **焼きもの** 鮭の焼きつけ　二十日大根甘酢添え
- **煮もの** 笹竹　蕗　椎茸　高野豆腐　えび
- **抹茶入り胡麻豆腐**

清汁 紅白白玉団子　結び三つ葉
小鉢 青菜のおひたし
盛り合わせ のし鶏　そら豆
漬けもの 蕪　蕪の葉　胡瓜

SPRING

材料

●ピースご飯（10人分）	
米　3⅓カップ┐	4カップ
もち米　2/3カップ┘	
水┐	米のとぎ上が
酒　大匙4┘	りと同かさ
塩	小匙2/3
グリーンピース	160g
●酢味噌和え（10人分）	
いか	100g
うど	50g
わかめ（もどして）	50g
辛子酢味噌	
白味噌	大匙2
酢	大匙1
とき辛子	小匙1
茗荷甘酢漬け	2個
●鮭の焼きつけ（10人分）	
生鮭	500g
つけ汁	
醤油	大匙5
酒	大匙5
水	大匙5
砂糖	小匙1
二十日大根の甘酢	150g
●煮もの（10人分）	
笹竹	
笹竹（姫筍）	200g
だし	1カップ
醤油・みりん	各大匙1
蕗	
蕗	200g
だし	1カップ
砂糖	小匙1
塩	小匙2/3
醤油	小匙1/2
椎茸	
干し椎茸	（小）10枚
（もどしたもの100gに対して）	
水（もどし汁も含む）	ひたひた
醤油・酒・砂糖	各大匙1
高野豆腐の含め煮（12人分）	
高野豆腐	3枚
だし	2カップ
酒	1/3カップ
砂糖	大匙3
塩	小匙2/3
醤油	小匙1
えびの酒蒸し	
えび	10尾
酒	大匙2
塩	少々

ピースご飯

❶とぎ上げておいた米の水加減をして、酒と、塩の半量を入れます。
❷グリーンピースは、残りの塩をまぶしておきます。
❸米を炊き始め、煮立ったら手早くグリーンピースを入れ、さっとまぜて炊き上げます。

酢味噌和え

❶いかは皮をむき、ひと口大のそぎ切りにして、さっと湯引きます。
❷うどは短冊に切り、酢水であくをぬきます。
❸わかめは湯通しして、食べやすい大きさに切ります。
❹茗荷は、さっと熱湯をくぐらせて、甘みを控えた甘酢（酢3・水2～3・砂糖1）につけておきます。
❺白味噌、酢、とき辛子をまぜ合わせます。
❻器にいか、うど、わかめを盛り合わせ、酢味噌をかけて、縦6つ割りにした茗荷を添えます。

鮭の焼きつけ

鮭は行儀切りにし、よく熱した網にのせ、火が通るまで焼き、熱いうちにつけ汁につけ、1日くらいおきます。

二十日大根の甘酢

二十日大根は小口から薄く切り、1％の塩をふってしばらくおき、酢2、水2、砂糖1の

割合の甘酢につけます。

煮もの

笹竹

笹竹は節の固い部分は落として長さをそろえ、茹でこぼしてから煮汁でゆっくり煮ます。

蕗

蕗は茹でて、水にさらしてあくをぬき、薄皮をむいて4㎝くらいの長さに切りそろえ、柔らかくなりすぎないように煮汁で煮ます。

椎茸

干し椎茸は充分にもどして軸をとり、ひたひたの水で少し煮ます。調味料を加えて、途中一～二度裏返して煮上げます。

高野豆腐の含め煮

❶50～60℃のたっぷりの湯に、蓋をして約40分ひたしてもどします。充分もどったら水の中で両手にはさみ、にごった水を何度か押し出します。1枚を4つに切ります。

❷煮汁を煮立てたところへ入れ、落とし蓋と鍋蓋をして、弱火で20～30分煮含めます。

えびの酒蒸し

❶えびは塩水で洗い、背わたをとります。

❷鍋に入れ、酒と塩をふりかけて蒸し煮にします。そのまま冷めるまでおき、殻をむきます。

抹茶入り胡麻豆腐

❶くず粉を少量の水でとき、少量の熱湯でといた抹茶、練り胡麻、調味料をまぜ入れ、分量の水を入れてよくまぜます。

❷漉し器で漉し、火にかけて時間をかけてゆっくり練り上げます。

●抹茶入り胡麻豆腐（13.5cm×13.5cmの流し缶1個分）	
吉野くず	50g
白練り胡麻	50g
抹茶	小匙1弱
水	6カップ
砂糖	小匙1弱
塩	小匙1/8
わさび	適宜
八方だし（だし4：醤油1：みりん1）	約1½カップ
●清汁（10人分）	
だし	6カップ
水	6＋1½カップ
昆布	12g
削り節	12g
塩	小匙1½
醤油	小匙1/10（1椀1滴として）
あん入り紅白白玉	
白玉粉	65g
絹豆腐	1/4丁（75g）
食紅	少々
羊羹	7mm角×20個
三つ葉	10本
柚子	適宜
●青菜のおひたし（10人分）	
青菜	300g
醤油・だし	各大匙1½
ピーナッツ（あらずり）	大匙1
●のし鶏（1単位・10人分）	
鶏挽肉	400g
醤油	大匙1
みりん	大匙1
酒	大匙1
砂糖	大匙1
片栗粉	小匙2
卵	1個
照り用	
水＋蒸し汁	大匙4
砂糖・醤油・みりん	各大匙2
けしの実	適宜
そら豆	200〜300g
●漬けもの（1単位・約15人分）	
野菜	1kg
洋辛子	10g
塩・砂糖	各30g
焼酎	30cc

喜寿のお祝い点心盆

❸水でぬらした型に手早く流し入れ、ラップでおおって冷やします。

❹八方だしの材料を合わせ、いったん煮立てて、冷ましておきます。

❺胡麻豆腐を器と人数に合わせて切り、おろしわさびをのせ、八方だしをはります。

清汁

❶蒸発分（1.5カップ）も加えた水に昆布を入れて火にかけ、沸騰直前に昆布をとり出します。水を大匙1杯（分量外）入れて煮立ちを静め、削り節を入れ、フーッと煮え上がったら火を止めます。ひと呼吸おいて漉します。

❷白玉粉を絹ごし豆腐でこねます。二つに分け、一方を食紅で薄紅色にします。

❸羊羹を7㎜角に切って芯に入れて丸め、茹でて椀だねにします。さっと湯通しして結んだ三つ葉とへぎ柚子をのせ、清汁をはります。

青菜のおひたし

❶青菜をたっぷりの湯で色よく茹でます。

❷だし割り醤油をつくり、青菜を和えます。器に盛り、ピーナッツをかけます。

のし鶏

❶挽肉の2/3量に調味料を入れてよくまぜ、炒るように火を通します。

❷すり鉢にとってすり、とり分けておいた挽肉、片栗粉、卵を入れてすりまぜます。ラップを敷いたべんとう箱などに2㎝の厚さにのばして入れ、約10~12分蒸します。

❸拍子木型に切り、照り用の調味料を煮立てたフライパンへ裏面を下にして入れ、途中返して両面に照りをつけ、けしの実をふります。

❹そら豆はさやから出し、甘皮にかるく包丁目を入れて、塩茹で（分量外）にします。

漬けもの

❶大根、蕪、胡瓜、茄子、セロリ、キャベツなどは大切りのまま、蕪の葉はさっと茹でて切り、フリーザーパックに入れます。

❷洋辛子、塩、砂糖をまぜて焼酎でとき、とろりとしたものをフリーザーパックに流し入れて、野菜にまんべんなくつくようにします。

❸パックの中の空気をしっかり抜いて密封し、常温にしばらくおいて野菜から水が出てきたら冷蔵庫に半日くらい入れます。

■札幌友の会　高年グループ会員お祝いの日

＊祝膳づくりについて

高年グループでは、メンバーの中の、喜寿、傘寿、米寿などを迎えた方のお祝いをしています。初めの頃は、レストランなどで集まりをしたり、友の会の中の「食生産」にお願いしたりしていましたが、今までしてきた食の勉強を生かして、自分たちの手でつくることにして4年になります。グループのメンバーは60歳代後半から80歳代まで43名。この年は88歳3名、80歳1名、77歳1名、出席は35名でした。その年にお祝いを受けられる方の希望をお聞きして、献立を決めます。

＊35食を10人でつくりました。
1食分1200円くらいでした。

若い人の集いに

遠方から来訪の高校生たちのための夕食です。
旺盛な食欲をみたすように、肉や魚、野菜をたっぷりとれる、
ボリュームのあるメニューにしました。

SUMMER

●MENU●
スペアリブの香味焼き
牛ステーキのマリネ
芙蓉蟹
冷拌三絲
かにのゼリーよせ
冷やし汁
春菊と胡麻のおむすび
漬けもの
杏仁豆腐

冷拌三絲

かにのゼリーよせ

冷やし汁

スペアリブの香味焼き

❶スペアリブをたれに2時間つけこみます。

❷天板にアルミホイルを敷き、肉のついている方を下にして並べ、オーブンの上段に入れて、230℃で約10分、180℃に落として15～20分焼きます。

＊イタリアンパセリを添えました。

牛ステーキのマリネ

❶牛肉は、塩、胡椒をふり、サラダ油で両面を焼いて、2cm幅に切ります。

❷玉葱、セロリは薄切りにします。緑ピーマンは薄い輪切りに。赤、黄ピーマンは直火で黒く焼いてから皮をむき、細切りにします。

❸Aの調味料をまぜ合わせて、マリネ液をつくり、肉を入れ、❷の野菜、レモンの半月切り、ベイリーフ、ケッパーを加え、1時間ほどつけます。

＊写真はトマトのスライスをしきました。

芙蓉蟹

❶卵を割りほぐして、塩、胡椒し、長葱、かにを入れてまぜます。油を熱し、大きな卵焼きをつくります。

❷椎茸はせん切り、長葱は斜め薄切り、にらは3cm長さ、筍、人参、ハムはせん切りにします。

❸鍋に油を入れ、❷の材料を炒めて、塩、胡椒、水とスープの素を入れ、沸騰したら酒入りの水どき片栗粉でとろみをつけます。

❹卵焼きを大皿に盛り、上から❸の野菜あんをかけ、切り分けていただきます。

冷拌三絲

❶春雨は熱湯でもどしてざるにとり、水けをきって、5～6cm長さに切ります。

❷胡瓜は斜め薄切りにし、細切りにします。

❸卵は塩を入れてときほぐし、薄焼き卵にして細切りに、ハムも細切りにします。

SUMMER

❹鶏肉は塩をふっておき、酒蒸しして細かくさきます。

❺皿に❷〜❹を並べ、周りに春雨を盛ります。かけ汁の材料を合わせて添えます。

かにのゼリーよせ

❶分量の水に鶏肉とセロリを入れ、煮立たせないように約40分火にかけてから漉し、スープをとります。

❷卵に塩を入れてよく溶き、薄焼きにしてせん切りにします。

❸さやえんどうは塩少々（分量外）を入れてさっと茹で、冷水にとり、せん切りにします。

❹スープと調味料を合わせ、ひと煮立ちしたら火を止めます。かに缶の汁も全部加えます。

❺ボウルにパールアガーを入れ、スープをさして溶かします。

❻リング型を水でぬらしておきます。

❼スープを最初に入れ、少し固まったらさやえんどう、卵、かにをちらし、またスープを入れます。3回くらいに分けて入れ、冷やし固めます。型から出して盛りつけ、好みの香草を添えます。

＊パールアガーは海藻抽出物のゲル化剤。

冷やし汁

卵豆腐、オクラ、タピオカ入りのすずしげな清汁です。

清汁

❶鍋にAの昆布のつけ水を入れ、沸騰したら水大匙2をさして削り節を入れます。削り節をおどらせないように煮立つのを待って、火を止めます。

❷削り節が沈んだら別鍋に漉し、塩、醤油で味をととのえ、冷たくしておきます。

卵豆腐

❶ボウルに分量の卵をほぐし、Bのだしと調味料（このだしは清汁とは別に必要）を入れて、2本の箸の先を器の底につけ、うずを描くようにしてまぜます。

❷❶を型に流し入れ、蒸気のよくたった蒸し器に入れ、すが立たないように中火の弱にして、12〜15分ほど蒸します。

タピオカ

❶タピオカを鍋に入れ、熱湯をそそぎ、1時間水分を含ませます。

❷❶を弱火にかけ、沸騰させないように芯がなくなるまで30分ほど茹でます。

❸冷水にさらし、ざるに上げます。

オクラ

❶手に塩（分量外）をつけてオクラを1本ずつこすり、熱湯に入れて茹でます。

❷水にとってざるに上げ、冷めてから小口切りにします。

仕上げ

器に10等分した卵豆腐、タピオカ、オクラを適量入れ、冷えた清汁をそそぎます。

材料

●スペアリブの香味焼き（10人分）	
スペアリブ	1kg
たれ	
醤油	大匙2
赤ワイン	大匙4
ケチャップ	大匙2
ウスターソース	大匙2
サラダ油	大匙2
塩	小匙2〜3
りんご（すりおろし）	中1個分
にんにく（すりおろし）	2片分
練り辛子	小匙1
ナツメッグ	少々
胡椒	少々
●牛ステーキのマリネ（10人分）	
牛ヒレ肉ブロック	400g
塩	小匙1/4
胡椒	少々
サラダ油	大匙1
玉葱（小）	2個
緑ピーマン・赤ピーマン	各1個
黄ピーマン	1/4個
セロリ	1本
A ワインビネガー	1/2カップ
サラダ油	1カップ
塩	小匙1
胡椒	少々
レモン	1個
ベイリーフ	2枚
ケッパー	大匙1
●芙蓉蟹（10人分）	
かにのむき身	100g
（またはかに缶汁ごと	1缶）
長葱（みじん切り）	大匙3
卵	4〜5個
塩	小匙1/5
胡椒	少々
サラダ油	大匙1
生椎茸	3枚
長葱	1/2本
にら	1把（100g）
茹で筍	100g
人参	20g
ハム薄切り	100g
サラダ油	大匙1
固形スープの素	1個
水	1½カップ
塩	小匙2/5
胡椒	少々
片栗粉	大匙1
酒・水	各大匙1

春菊と胡麻のおむすび

❶春菊は洗って、軸を残して葉をとり、葉だけを湯がきます。
❷茹でた春菊をみじん切りにし、塩少々をまぶし、炊き上がったご飯の½にまぜ、小さめのおにぎりにします。
❸白胡麻は小鍋に入れ、水大匙1を入れて火にかけ、水分がなくなってふっくらするまで炒ります。
❹残りの½のご飯に白胡麻と塩をまぜ、俵にむすびます。好みで海苔を巻きます。

漬けもの

❶野菜は好みの大きさに切り、昆布は細切りにします。
❷材料に塩をふってまぜ、重石をしてひと晩漬けます。

杏仁《あんにん》豆《どう》腐《ふ》

❶鍋に水を入れて、粉寒天をふり入れ、火にかけて沸騰するまでまぜます。砂糖、牛乳、生クリーム、エッセンスを入れてまぜ、型に流して冷やし固めます。
❷黄桃は乱切りにしてミキサーにかけ、黄桃ソースをつくります。レモン汁とコアントローを加えてまぜ、固まった杏仁豆腐の上に流します。
＊飾りに、キウイフルーツをのせてもよいでしょう。

■帯広友の会　自由学園報告会夕食

＊42人分を7人でつくり、1食約800円でした。

●冷拌三絲（10人分）	
春雨	100g
胡瓜	2本
卵	2個
塩	小匙1/6
ハム薄切り	100g
鶏肉	150g
塩	小匙1/5
酒	大匙1
かけ汁	
洋辛子（湯でとく）	小匙2
酢	大匙3
醤油	大匙4
砂糖	小匙2
酒	大匙1
胡麻油	大匙1
鶏スープ	大匙2

●かにのゼリーよせ（21cmのリング型1個分）	
スープ	4カップ
鶏肉	100〜150g
セロリ	1/2本
水	6カップ
塩	小匙1½
酒	大匙1
砂糖	小匙1
醤油	小匙1/5
卵	1個
塩	小匙1/10
かに（缶詰）	50〜60g
パールアガー	大匙4
さやえんどう	10枚

●冷やし汁（10人分）	
清汁	
A 水 5カップ／昆布 10g	2時間水につける
削り節	15〜20g
塩	小匙1½
醤油	小匙1強
卵豆腐（10×15cm型1個分）	
卵	3個（1カップ）
B だし	1カップ（卵と同かさ）
塩	小匙1/3
みりん	小匙1½
タピオカ（小粒）	大匙1
オクラ	2〜3本

●春菊と胡麻のおむすび（10人分）	
米	4カップ
春菊	2/3束
白胡麻	大匙2
塩	約小匙2½
海苔	適宜

●漬けもの（1単位・10人分）	
キャベツ 300g／胡瓜 150g／人参 50g	合わせて500g
昆布	約10cm
塩	小匙2（材料の2%）

●杏仁豆腐（1単位・10人分）	
粉寒天	3g
水	500cc
グラニュー糖	170g
牛乳	300cc
生クリーム	大匙2
アーモンドエッセンス	少々
黄桃缶詰	1缶（正味250g）
レモン汁	大匙1
コアントロー	大匙1

杏仁豆腐

海の幸のお客料理

新鮮な魚介類に恵まれている八戸を訪ねてくださる方々へのお昼の献立です。
旬の野菜の和えものを必ずくみ入れ、地のものをたのしんでいただきます。

●MENU●
生ちらし
ふわふわ卵の清汁
揚げ茄子のいりだし
漬けもの
フルーツ
和菓子

AUTUMN

生ちらし

❶酢めしをつくります。米はといでざるに上げておきます。分量の水、酒、昆布（ふいてきたらとり出す）で炊き上げます。炊いている間に合わせ酢をつくっておきます。
❷飯台に移して合わせ酢をまわしかけ、さっくりとまぜ合わせ、固くしぼったぬれ布巾をかけて冷ましておきます。
❸厚焼き卵をつくり、でき上がったものを厚めに切ります（1人1切れ）。
❹もどした椎茸は石づきをとり、もどし汁と調味料で煮含めて、2～4つに切ります。
❺昆布じめにしたひらめ（さっと水に通して柔らかくした昆布を、酢でぬらした布巾でふき、ひらめをはさんで布巾で包み、約半日冷蔵庫に入れておきます）をそぎ切りにします。
❻帆立貝は柱だけを横2つに切ります。ひもは塩でよくもみ、白くなったらよく水洗いして用います。
❼まぐろはそぎ切り、いかは細切りにします。
❽菊の花は酢（1ℓの湯に大匙1～2）を入れた熱湯で2分くらい茹でてすぐ水にとり、ざるに上げてしぼります。
❾海苔は遠火であぶり、もみ海苔にします。
❿酢めしを丼に中高に盛り、もみ海苔を全体にふりかけ、その上に全ての材料を彩りよくのせて、おろしわさびを添えます。

ふわふわ卵の清汁

❶だしと調味料を鍋に入れ、煮立ったら50℃くらいに温度を下げます。
❷卵を全部ボウルに割り入れ、よく溶きまぜます。これを❶の鍋に静かに入れ、菜箸数本でよくまぜます。よくまざったら鍋を弱火にかけ、20～25分煮ます。澄んだ清汁の下に、黄色い茶碗蒸しの卵のように固まります。卵に竹串をさしてみて、澄んだ汁が出ればでき上がりです。
❸よくまぜてお椀にはり、3㎝長さに切った三つ葉を放します。

揚げ茄子のいりだし

❶茄子は青さを残すようにできるだけ薄く皮をむき、水に放します。布巾で水けを拭いて縦半分に切り、斜めに切り目を入れながら、ひと口大に切ります。
❷160℃の低温の油で揚げます。
❸大根は皮をむいてすりおろし、目の細かいざるにのせて水分をきっておきます。
❹青葱は小口切りにして布巾に包み、流水でもみ洗いして、しぼっておきます。
❺白胡麻は香ばしく煎り、布巾の上で刻みます。
❻いりだしは、だし、みりん、醤油を合わせて煮立てたところに、削り節を入れ、すぐ漉して冷ましておきます。
❼銘々の器に茄子を盛り、その上に大根おろしをのせ、さらし葱をあしらいます。胡麻を全体にふりかけ、いりだしを器のへりから1人当たり大匙3杯くらいずつ入れます。

秋の和えもの2種（献立外）

献立の〝揚げ茄子のいりだし〟にかわる季節の和えものをご紹介します。

なめこのおろし和え

❶なめこは水でよく洗い、塩少々（分量外）を入れた湯でさっと茹でてすぐ冷水にとり、水けをきってボウルに入れます。だしと調味料を煮て冷ましたもの100㏄をまぜておきます。
❷ほうれん草の茎は塩（分量外）を入れた湯でさっと茹でて水にとり、1.5㎝くらいに切っておきます。
❸大根はすりおろし、漉し器にのせて水けをきっておき、汁けをきったなめことほうれん草の茎をまぜます。
❹器に盛り、だし醤油をまわりから大匙2～3杯くらいはります。

菊の花のくるみ和え

❶菊の花は熱湯に酢を入れて2分茹で、冷水にとって水きりします。
❷くるみはすり鉢でよくすり、だしと調味料を入れてまぜ、菊を和えます。

■八戸友の会　もてなしメニュー

＊八戸友の家に併設されている『羽仁もと子記念館』においで下さる方々に、このような献立で昼食を召し上がっていただいています。
＊5～12食を2～3人で用意します。1食800円頂いています。

AUTUMN

材料

●生ちらし（10人分）	
米	8カップ
水	8.8カップ（米のかさの1割増）
酒	大匙2
昆布	5～6cm幅くらいのもの 12cm×2枚
合わせ酢	
酢	1カップ
砂糖	大匙3
塩	小匙3
卵（中）	8個
砂糖	大匙4
塩	小匙1
だし	大匙6
干し椎茸	10枚
椎茸のもどし汁	ひたひた
砂糖	大匙5
醬油	大匙4
ひらめ（3枚におろして昆布じめに）	200～240g
昆布	40cm×4枚
かに足またはつめ（茹でたもの）	10本
まぐろ	300g
いか	中2はい
帆立貝	16個（1人1½個）
菊の花（生・季節のときのみ用いる）	140g
海苔	6枚
わさび	適宜
●ふわふわ卵の清汁（10人分）	
卵	中6個
だし	12カップ
塩	小匙2¼
酒	大匙4
醬油	約5滴（小匙1/20）
三つ葉	1把
●揚げ茄子のいりだし（10人分）	
茄子	6個
揚げ油	適宜
大根	1kg
青葱	4～5本
白胡麻	大匙4
いりだし	
だし	400cc
みりん	100cc
醬油	120cc
削り節	4g
●なめこのおろし和え（10人分）	
なめこ（生）	300g
大根	1kg
ほうれん草の茎	10～12本
だし	500cc
砂糖	大匙4
醬油	大匙3
塩	小匙1
●菊の花のくるみ和え（10人分）	
菊の花	約200g（菊のり1～1½枚）
くるみ	1½カップ
だし	大匙4
酒	小匙2
砂糖	大匙6
塩	小匙1

菊の花のくるみ和え

なめこのおろし和え

気軽な昼食会に

おいしい手焼きパン2種に、地元産の日向夏みかんのマーマレードで煮こんだチキンをとり合わせました。

●MENU●

ソフトフランスパン
胡麻入り胚芽パン
ドイツ風スープ
ウィングスティックのマーマレード煮
野菜の甘酢漬け
ヨーグルトムース

ソフトフランスパン

❶生イーストをぬるま湯でとかしておきます。

❷粉、砂糖、塩をボウルに入れてまぜ、❶とマーガリンを入れてこねます(器械こね12分、手ごねなら薄く膜ができるまで)。

❸一次発酵。45〜60分で約2.5倍になります。

❹1個約190gで4つに分けて丸めます。ベンチタイムを10分とります。

❺めん棒で18cmくらいに丸くのばします。

❻左図のように形づくります。

成形の仕方

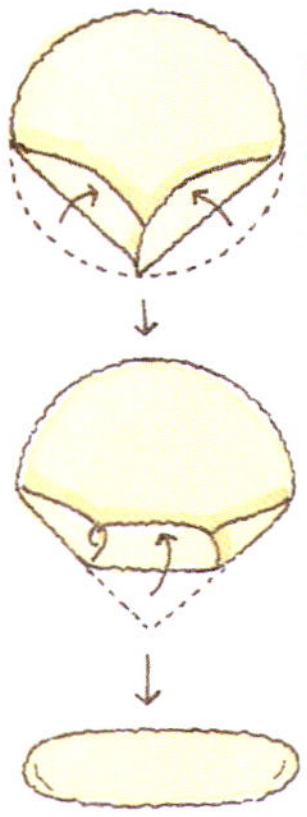

❼ビニールをかぶせて二次発酵させます。約2倍になるまで30〜40分かかります。

❽斜めに3本切れ目を入れて焼きます。ガスオーブンなら170〜180℃で、20〜25分、電気オーブンなら190〜200℃で、20〜25分焼きます。

＊1本を大体8切れに切ります。

胡麻入り胚芽パン

❶粉、砂糖、塩をボウルに入れて、生イーストをとかした水とまぜます。

❷パンこね器に入れ、マーガリンも入れてこねます。

❸胡麻を入れてさらにこねます。

❹一次発酵50〜60分。

❺10個（1個約50g）に分けて丸め、ベンチタイムを10分とります。

❻一度手のひらで平たくしてから、丸く形をととのえます。

❼二次発酵を30〜40分。

❽ガスオーブンなら170〜180℃で、13〜15分。電気オーブンなら190〜200℃で、18〜20分焼きます。

材料

●ソフトフランスパン(1単位・4本分)

強力粉	425g
薄力粉	75g
砂糖	20g
塩	小匙1½
生イースト	20g
水(30℃くらいのぬるま湯)	285cc
マーガリン(有塩)	35g

●胡麻入り胚芽パン(1単位・10個分)

胚芽入りパン用強力粉	250g
砂糖	15g
塩	小匙2/3
胡麻(白、黒合わせて)	30g
マーガリン(無塩)	15g
生イースト	10g
ぬるま湯	160cc

●ドイツ風スープ(10人分)

金時豆(乾)200g(もどして500g)	
じゃが芋	8個
玉葱	4個
人参	中2本
ウィンナーソーセージ	200g
水	10カップ
固形スープの素	5個
塩	小匙2/5
胡椒	少々
パセリ	適宜

●ウィングスティックのマーマレード煮(10人分)

ウィングスティック(鶏の手羽元)	2kg(約20本)
マーマレード	200〜400g
醤油	200cc
酢	100cc

＊マーマレードは日向夏みかん、柚子、夏みかんなど。

日向夏みかんのマーマレード

日向夏みかん	1kg
砂糖	皮と同じ重さ

●野菜の甘酢漬け(1単位・10人分)

胡瓜	200g	合わせて約500g
キャベツ	200g	
人参	100g	
セロリ	1本	
塩	小匙2(材料の2%)	
サラダ油	大匙2	
赤唐辛子	1本	
酢	大匙4	
砂糖	大匙4	

●ヨーグルトムース(10人分)

メロン(プリンスメロン・アンデスメロンなど)	約1/2個
粉砂糖	15〜20g(大匙2)
キルシュ	大匙1〜2
粉ゼラチン	10g(大匙1強)
水	大匙4
牛乳	200cc
砂糖	80g
プレーンヨーグルト	300cc
生クリーム	200cc

飾り用

生クリーム	100cc
砂糖	10g(大匙1強)
ミントの葉	小10枚

AUTUMN

ドイツ風スープ

❶乾豆は洗って、塩小匙½（分量外）を入れた3倍の水につけて一晩ふやかします。翌日つけ水ごと火にかけ、煮立ったらあくをとり、いったんざるに上げ、茹で汁は捨てます。再び水約4½カップを加え、途中さし水をしながら、豆が柔らかくなるまで煮ます。
❷ころころに切った野菜全部と水を鍋に入れ、煮立ったところへスープの素を加えます。野菜が煮えたら金時豆と、2㎝くらいに切ったソーセージを加え、弱火にしてさらに10分ほど煮ます。
❸塩、胡椒で味をととのえ、みじん切りにしたパセリをちらします。

ウィングスティックのマーマレード煮

❶鍋にマーマレード、調味料、ウィングスティックを入れてよくからませ、ひたひたに水を加えて火にかけ、煮立ったら弱火にして1時間くらい煮ます。
❷ウィングスティックが柔らかくなったらとり出して、汁を煮つめます。
❸ウィングスティックを皿に盛り、煮汁を上からかけます。

日向夏みかんのマーマレード

❶鍋に、きれいに水洗いし、せん切りにした日向夏みかんの皮とたっぷりの水を入れて、2回ほど茹でこぼしてあくぬきをします。
❷❶の皮を水洗いし、鍋に皮と砂糖を交互に入れ、果肉も入れて中火にかけます。
❸20分位煮詰めて、火からおろします。
＊4～5月に穫れる日向夏みかんは、皮の内側の白い部分も甘みがあっておいしいので、厚く皮をむいて、そのまま使います。

野菜の甘酢漬け

❶野菜は全て短冊切りにします。人参はさっと湯がきます。
❷塩をまぶして15～20分おいて、よくしぼります。
❸サラダ油に唐辛子（種をとって）を入れて熱し、とり出します。
❹❸の油に酢、砂糖を合わせて沸騰させた甘酢液を、野菜にかけ、まぜ合わせます。1日おいた方がおいしくなります。
＊つけ合わせは、1人分サラダ菜1枚、ミニトマト1個、茹でブロッコリー3房、さっと茹でた黄ピーマン¼個です。

ヨーグルトムース

❶メロンはひと口大に切って粉糖、キルシュにつけ、30分から1時間ほど冷蔵庫で冷やしておきます。
❷分量の水にゼラチンをふり入れてふやかし、湯煎にかけます。
❸鍋に牛乳と砂糖を入れて温め、火を止めてゼラチン液を加えます。
❹❸にヨーグルトを加え、裏漉し器を通します。鍋底を氷水にあて、ときどきまぜながら、少しとろみがつくまで冷やします。
❺生クリームを五分立てにします。❹のヨーグルト液が生クリームと同じくらいの濃度になったら、二つを合わせます。
❻水でぬらしたグラスにメロンをつけ汁ごと入れ、その上から❺のヨーグルト液を静かに注ぎ入れ、冷蔵庫で1時間以上冷やし固めます。
❼生クリームと砂糖を泡立て、ムースの上にしぼり出し、ミントを飾ります。

■宮崎友の会　昼食会のメニュー

＊50食を6人でつくりました。1食425円でできました。

AUTUMN

和・洋・中華でおいしさ倍増

どの料理も親しみやすいものばかり、今夜の食卓にすぐ登場しそうです。

●MENU●

ご飯　きゃらぶき　梅干し
タンドリーチキン
パンプキンサラダ
煮もの
茄子のマリネ
四川風胡瓜

タンドリーチキン

❶鶏肉の皮目の所々にフォークをさし、身の厚い部分は切り開きます。

❷ソースの材料をよくまぜ合わせた中に、鶏肉を5〜6時間つけておきます。

❸皮目を上にして網にのせ、190℃のオーブンで20分くらい焼きます。

❹食べやすく切って盛りつけます。

＊つけておく時間が短いときは、あらかじめ塩少々をまぶしてからつけます。

パンプキンサラダ

❶じゃが芋は丸ごと茹でて皮をむき、塩をふります。

❷南瓜は乱切りにし、蒸して皮をとります。

❸玉葱はみじん切りにします。

❹南瓜とじゃが芋を一緒につぶし、玉葱を合わせ、Aの調味料で和えます。

❺サラダ菜をしいて盛りつけます。

煮もの

蓮根南蛮酢

❶蓮根は5㎜厚さの輪切りで、1人分2枚にします。赤唐辛子は小口切りにします。

❷蓮根に片栗粉をかるくまぶして揚げます。

❸調味料と唐辛子を煮立てた中に、蓮根をつけます。

椎茸の甘辛煮

椎茸は水につけてもどし、石づきをとります。ひたひたのもどし汁に調味料を加え、椎茸を煮汁がなくなるまで煮ます。

手綱こんにゃく

❶こんにゃくは塩でもんでから熱湯を通し、7㎜厚さに切って、手綱結びにします。

❷だしに調味料を加え、こんにゃくを汁けがなくなるまで煮ます。

花人参

人参は輪切りにして花形にぬきます。ひたひたのだしに砂糖、塩を加えた中で煮ます。酢はおろしぎわに入れます。

オクラの塩茹で

オクラは塩茹でにし、形よく切って盛ります。

茄子のマリネ

❶茄子は横に半分に切って、2〜4つ割りにします。

❷玉葱は薄切り、緑ピーマン、赤ピーマンは

せん切りにし、塩をふっておきます。
❸茄子を揚げ、直ちにマリネ液につけ、せん切り野菜も合わせます。

四川風胡瓜

❶胡瓜は2～3%の塩（分量外）をふって板ずりし、じゃばらに切り目を入れてから1つを3㎝長さにして、1%の塩水につけます。
❷生姜はせん切りにします。
❸胡瓜の水けをしぼって、合わせた豆板醤と醤油をまぶし、❷の針生姜をのせます。

■東京第一友の会　食生産のおべんとうづくり

＊自由学園男子部父母会のおべんとうとして用意したものです。
＊330人分を前日5人、当日15人でつくりました。1食780円頂いています。

材料

●タンドリーチキン（10人分）

鶏もも肉	800ｇ
ソース	
プレーンヨーグルト	2カップ
レモン汁	小匙1
ケチャップ	大匙3
生姜（すりおろす）	1片
カレー粉	大匙2
パプリカ	大匙2
塩	小匙2

●パンプキンサラダ（10人分）

じゃが芋	200ｇ
塩	小匙1/3（0.8%）
南瓜	200ｇ
玉葱	40ｇ
A 塩	小匙1
マヨネーズ	大匙5
酢	大匙1
サラダ菜	5枚

●煮もの（10人分）

蓮根南蛮酢	
蓮根	150ｇ
片栗粉	約大匙1
酢・水	各1/4カップ
砂糖	大匙2
塩	小匙1/4
赤唐辛子	1本
揚げ油	適宜
椎茸の甘辛煮	
干し椎茸	10枚
砂糖	大匙1
みりん	小匙1½
醤油	小匙2½
手綱こんにゃく	
こんにゃく	1枚
だし	ひたひた
砂糖	小匙2
みりん	小匙2
醤油	大匙1½
花人参	
人参	100ｇ
だし	ひたひた
砂糖	小匙1
塩	小匙1/5（1%）
酢	小匙1
オクラの塩茹で	
オクラ	10本

●茄子のマリネ（10人分）

茄子	2½本（300ｇ）	合わせて500ｇ
玉葱	150ｇ	
緑ピーマン	2個	
赤ピーマン	1個	
塩	小匙4/5（材料の0.8%）	
揚げ油	適宜	
マリネ液		
酢	大匙2⅓～3⅓（材料の7～10%）	
砂糖	酢の1/5～1/4	

●四川風胡瓜（10人分）

胡瓜	3本
水	1カップ
塩	小匙2/5
豆板醤	小匙1/4
醤油	小匙1/2
生姜	10ｇ

冬のテーブル

北の国弘前からは、晩秋から冬向きの体のあたたまる洋風献立を紹介します。デザートは津軽特産のりんごを使った自信作。

●MENU●
バターロール
オニオングラタンスープ
ぶりのドミグラスソース
アッシ・パルマンティエ
りんごのプディング

WINTER

材料

●オニオングラタンスープ（10人分）	
水	7½カップ
固形スープの素	2個
玉葱	600g
バター	40g
バケットの薄切り	10枚
ゴーダチーズ薄切り	10枚
●ぶりのドミグラスソース（10人分）	
ぶり	10切れ（620g）
酒	50cc
塩	小匙1
胡椒	少々
小麦粉	大匙4
バター	30g
サラダ油	大匙1
ベーコン（みじん切り）	50g
玉葱	1個（220g）
バター	20g
赤ワイン	50cc
ドミグラスソース	1缶（290cc）
スープ	2カップ
（固形スープの素	2個）
レモン汁	大匙2
生クリーム（好みでかける）	30cc
●アッシ・パルマンティエ（10人分）	
合挽肉	150g
玉葱	140g
サラダ油	大匙1
塩	小匙3/5
胡椒	少々
マッシュポテト	
皮つきじゃが芋	600g
A 生クリーム	60cc
A 牛乳	60cc
A スープの素（顆粒）	小匙1
A バター	20g
パン粉	大匙2
パルメザンチーズ	適宜
●りんごのプディング（10人分）	
りんご	正味500g
水	75cc
バター	6g
砂糖	大匙1
クラム	
パン粉	75g
グラニュー糖	50g
シナモン	小匙1/4
バター	50g
生クリーム	100cc
砂糖	20g

オニオングラタンスープ

❶玉葱を薄切りにします。
❷フライパンにバターをとかし、❶を強火で5分間炒め、透き通るほどになったら火を弱め、玉葱の色が変わりはじめて薄茶色になるまで30分くらい炒めます。
❸鍋に水とスープの素を入れ、煮立ってきたら❷を加え、2〜3分煮ます。
❹耐熱容器に❸を注ぎ、トーストしたバケットを浮かせ、その上にチーズをのせて、強火のオーブンに入れ、チーズがとけるまで焼きます。
＊塩分はバターとチーズにも含まれていますので、塩・胡椒は食卓に出し、好みの味にととのえます。

ぶりのドミグラスソース

❶ぶりは洗って水けをきり、酒をふりかけて30分くらいおきます。水けを拭き、塩、胡椒し、粉をつけます。
❷バターとサラダ油を熱し、ぶりの両面に濃い焼き色をつけ、ワインをかけてやや煮つめ、別皿にとっておきます。
❸新たにバターを熱し、玉葱の薄切りをねっとりするくらいまで30分ほど炒めます。
❹鍋をきれいにしてベーコンと炒め玉葱を入れ、ドミグラスソースとスープも加えます。2分くらい煮たら味をみてレモン汁を加え、ぶりをもどし、5分くらい煮ます。器に盛りつけ、ソースをかけます。つけ合わせは、茹でブロッコリーとプチトマトにしました。

アッシ・パルマンティエ

❶サラダ油で、みじん切りの玉葱をよく炒め、合挽肉を加えて炒め、塩、胡椒します。
❷茹でたじゃが芋の皮をむき、熱いうちにマッシャーでつぶし、Aを加えて調味します。
❸耐熱容器にバター（分量外）をぬり、マッシュポテトの半量を平らに入れます。その上に❶を重ね、残りのポテトを入れ、上にパン粉をパラパラとふり、おろしチーズもふって、170〜180℃のオーブンで焼き色をつけます。
＊アッシ・パルマンティエはフランス語。カテージパイのことです。

りんごのプディング

❶りんごを4つ割りにし、皮と芯を除いて5㎜くらいの薄切りにします。
❷鍋にりんごと水を入れて火にかけます。煮立ったら弱火で約20分煮、フォークでつぶし、バターと砂糖を加え、ピュレ状にします。
❸クラムをつくります。フライパンにバターをとかし、パン粉とグラニュー糖を入れ、きつね色に炒めます。シナモンを加え、冷たくしておきます。
❹好みの器にりんごを入れてクラムをのせ、りんごを重ね、一番上にまたクラムをのせます。六分立てにした生クリームをかけます。

■弘前友の会　料理講習会のメニュー

＊30食つくる場合は7〜8人で。1食500円の予算内で献立をたてます。
＊バターロールは家で焼いてもちよりました。

クリスマスの夕べに

オードブルからデザートまで、手をかけたもちよりの美しいお料理が、目をたのしませてくれます。

プチシューの詰めもの

シュー皮

❶鍋に水とバターを入れて火にかけます。バターがとけて、水が煮立ち始めたらすぐに、ふるった小麦粉を一度に入れ、火を少し弱めてしゃもじで手早くまぜ、2分間ほど練ります。

❷火からおろし、ほぐした卵を少しずつ加えて、力を入れてまぜ、なめらかにします。

❸天板に20個にしぼり出し、指先に水をつけて、とがったところを押さえます。180～200℃に熱したオーブンで約15分、きつね色になるまで焼きます。人肌になるまで、しばらくオーブンに入れたままにしておくと、カリッと仕上がります。

❹上部を切りとります（蓋に使います）。

中身

❶ささみは酒少々（分量外）で酒蒸しし、細かくさきます。

❷玉葱とセロリは細かくみじん切りにします。

❸中に入れるものをマヨネーズで和えてシューに詰め、上にケッパーを1粒のせます。

アスピックゼリー

❶小えびは白ワイン（分量外）をひたひたに入れ、蒸し煮にし、適宜切ります。

❷オクラは4～5㎜厚さの小口切りにして種をぬき、人参は薄い星形に切り、一緒に茹でます。

❸白ワイン、水、固形スープの素を煮立て、タイムとパールアガーをふり入れてゼリー液をつくります。

●MENU●

バターロール
前菜　プチシューの詰めもの
アスピックゼリー　人参・蓮根のピクルス
プチトマトの詰めもの　海藻サラダ
いんげんの塩茹で　コーン
ほうれん草のスープ
鶏のワイン煮こみ
蕪のサラダ
フルーツのシロップ漬け

❹水でぬらした型の底に小えび、オクラ、星形の人参を並べ、ゼリー液（ピクルス用に¼を残しておく）を入れて冷やします。固まったら器に出します。

■蓮根のピクルス用ゼリーも一緒につくります。人参とピーマン各少々は、ごく細かいみじん切りにして色よく茹で、残りのゼリー液に入れてまぜ、小さい角型に流します。固まったら8㎜角、長さ5㎝の棒状を10本つくります。

人参・蓮根のピクルス

人参ピクルス

人参はシャトー型に切り、塩茹でし、冷めてからつけ汁の半量で煮て冷まします。

蓮根ピクルス

❶蓮根は皮をむき、酢水につけてから、酢を入れた熱湯で1分間茹でます。

❷角を切り落とし、形をととのえます。穴のある面に包丁をあて、薄く桂むきしてひとまわりします。薄くむいたものは、しぜんにくるっと巻き、網蛇篭《あみじゃかご》のようになります（イラスト参照）。10個用意します。

❸水にさらして、残りのつけ汁にカレー粉を加えて2～3分煮、そのままつけておきます。

❹❸の蓮根で、アスピックゼリーを巻きます。

蓮根の網蛇篭のつくり方

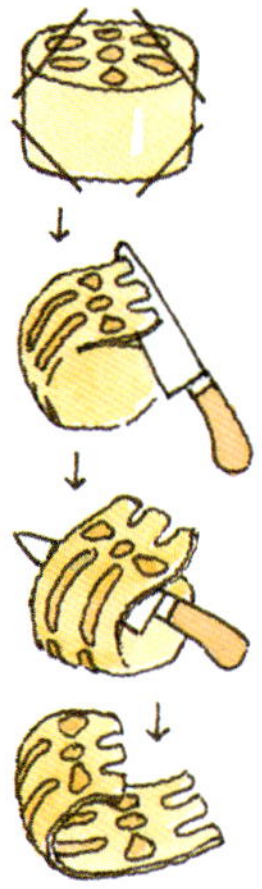

プチトマトの詰めもの

マッシュポテト

じゃが芋は茹でてマッシャーでつぶし、バター、牛乳、塩、胡椒を加えてまぜます。

仕上げ

プチトマトの上部を切りとり、中をティースプーンでくりぬきます。その中にマッシュポテトをしぼり出し、パセリを飾ります（ポテトの量はトマトの大きさで加減します）。

海藻サラダ

海藻は水で洗い、食べやすく切ってフレンチドレッシング（塩小匙1、酢¼カップ、サラダ油¾カップ、胡椒少々）で和えます。

いんげんの塩茹で

いんげんは塩茹でし、4㎝長さに切ったものを、縦に2つに切って盛りつけます。

コーン

茹でたコーンを少量ずつ添えます。

ほうれん草のスープ

❶玉葱、人参はみじん切り、ほうれん草の茎は細かく切ります。ほうれん草の葉は柔らかく茹でます。

❷厚手の鍋にバターをとかし、みじん切りの玉葱、人参、ほうれん草の茎を入れて焦げつかないようによく炒めます。その上から小麦粉をふり入れて炒めます。

❸その中にスープを少しずつ入れてのばしていき、野菜が柔らかくなるまで煮ます。

❹ほうれん草の葉も加え、ミキサーにかけて漉します。

❺鍋に移して牛乳を加え、塩、胡椒で味をととのえます。浮き実にクルトンをのせます。

＊クルトンはパンを5㎜角に切り、オーブンで焼きます。

鶏のワイン煮こみ

❶鶏肉は余分な脂とすじをとって、1切れ50gくらいに切り、塩、胡椒で下味をつけます。

❷玉葱、にんにくはみじん切り、生椎茸は石

づきをとります。

❸煮こみ鍋を熱してサラダ油をなじませ、鶏肉の両面をきつね色になるまで焼き、別皿にとります。余分な油を捨て、その鍋で玉葱、にんにくを炒めます。

❹❸の鍋にワイン、水、固形スープの素を入れて煮立て、鶏肉をもどし、蓋をして中火で20分ほど煮ます。

❺生椎茸と醤油を加えて、蓋をせずに中火で15分煮ます。

茹でたブロッコリーと、さっと熱湯を通したカラーピーマンをつけ合わせました。

蕪のサラダ

❶蕪は皮をむき、6つ割りにして薄く切り、塩をかるくふります。

❷葉（分量は適宜）は柔らかいものだけをさっと茹でて、2cmくらいに切っておきます。

❸ベーコンは1cm角の色紙切りにし、フライパンでカリカリベーコンをつくります。水をきった蕪と葉を一緒にフレンチドレッシングとマヨネーズで和えます。

フルーツのシロップ漬け

❶キウイは皮をむいて1.5cm角に切り、レモン汁をかけておきます。

❷鍋に水とグラニュー糖を入れて火にかけ、砂糖を煮とかし、キウイを加えて冷まします。

❸レモン汁とブランデーを加え、そのまま漬けこみます。

❹りんごは皮をつけたままキウイ同様1.5cm角に切り、❸のキウイにまぜます。

❺器に盛り、飾りレモンを添えます。

■西宮友の会　クリスマス礼拝の講師の方へ

＊10食を5人で担当、もちよりで用意しました。バターロールも家で焼いたものです。1食の実費は約600円でした。

材料

前菜	
●プチシューの詰めもの	
プチシューの皮（1単位・20個分）	
水	50cc
バター	20ｇ
小麦粉	30ｇ
卵	50ｇ（小1個）
中身（1単位・10個分）	
鶏ささみ	1/2本（約50ｇ）
玉葱	30ｇ
セロリ	30ｇ
マヨネーズ	大匙1
ケッパー	10粒
●アスピックゼリー	
（直径5cm×深さ4cmの型10個分）	
飾り用	
小えび	10尾
オクラ	2本
人参	1/3本
ゼリー液（1/4量は蓮根ピクルス用に）	
白ワイン	100cc
水	500cc
固形スープの素	1個
タイム	少々
パールアガー	大匙4½
（または粉ゼラチン大匙3）	
蓮根のピクルス用	
人参・ピーマン	各少々
●人参・蓮根のピクルス（10人分）	
人参	200ｇ
蓮根（直径5cmのもの）5cm長さ	2本
つけ汁	
白ワイン	1カップ
酢	1カップ
砂糖	小匙2
塩	小匙1/3
ベイリーフ	1枚
カレー粉	小匙1/2〜1
アスピックゼリー	10本
＊アスピックゼリーの項目参照	
●プチトマトの詰めもの（10人分）	
プチトマト	10個
マッシュポテト	50ｇ
じゃが芋	中1個
バター	小匙1
牛乳	大匙1½
塩	小匙1/8
胡椒	少々
パセリ（みじん切り）	少々
●海藻サラダ	
海藻ミックス（塩蔵）	50ｇ
●いんげんの塩茹で	
いんげん	100ｇ
●コーン	
コーン（冷凍）	50ｇ

●ほうれん草のスープ（10人分）	
ほうれん草	150ｇ
人参	50ｇ
玉葱	50ｇ
バター	30ｇ
小麦粉	40ｇ
鶏がらスープ	4カップ
（または水と固形スープの素2個）	
牛乳	2カップ
塩	小匙1
胡椒	少々
クルトン	サンドイッチ用1枚分
●鶏のワイン煮こみ（10人分）	
鶏もも肉	1kg
塩	小匙1/2強
胡椒	少々
玉葱	中1個（約250ｇ）
にんにく	1片
生椎茸（小ぶりのもの）	10枚
赤ワイン	1½カップ
水	1½カップ
固形スープの素	1個
醤油	小匙2
サラダ油	小匙1
つけ合わせ	
ブロッコリー	
カラーピーマン（赤・黄・緑）	
●蕪のサラダ（10人分）	
蕪（葉つき）	中2個（500ｇ）
塩	小匙1（蕪の1％）
ベーコン（薄切り）	2枚
フレンチドレッシング	大匙3
マヨネーズ	小匙1
フレンチドレッシング（1単位）	
サラダ油	2/3〜3/4カップ
酢	1/4〜1/3カップ
塩	小匙1/2
とき辛子	小匙1
胡椒	小匙1/6
おろし玉葱	大匙1
レモン汁	小匙1
●フルーツのシロップ漬け（10人分）	
キウイ	2〜3個
りんご	1個
レモン汁	大匙1
グラニュー糖	100ｇ
水	2カップ
レモン汁	大匙2
ブランデー	大匙2
レモン（飾り用）	1〜2個

もちよりで会食

新年会に、銘々が一品ずつ家でつくってもちよったので、にぎやかな食卓がととのいました。

●MENU●
箱ずし
大根柚子巻き
牛肉のグリーンソース
鮭のアスピックマヨネーズ
黒豆
吹き寄せきんぴら
辛子蓮根

箱ずし

❶合わせ酢を分量の2倍つくります（かに缶に、押し型の周りにぬる、などに使います）。

❷酢めしをつくります。米は2時間前に洗ってざるに上げておきます。昆布を入れておいた水で炊きます（昆布は炊くときにとり出します）。炊き上がりぎわに酒をふって、12～13分蒸らした後、飯台に移し、合わせ酢（1単位分）をまわしかけ、手早くまぜます。かたくしぼったぬれ布巾をかぶせておきます。

❸椎茸はもどして薄切りにし、かんぴょうももどして細かく切ります。筍は3㎝長さの縦薄切りにし、それぞれに、Aのだしと調味料を適量加えて煮ます。

❹人参はせん切りにして砂糖、塩で煮ます。

❺さやえんどうはせん切りにして、さっと茹でてふり塩をします。

❻かには適量の甘酢（酢めし用の合わせ酢）につけておき、しぼります。

❼錦糸卵をつくります。卵を割りほぐし、調味料を加えてよくまぜ、一度漉します。フライパンに油を薄くひいて薄焼き卵をつくり、せん切りにします。

❽酢めしに、椎茸、かんぴょう、筍、人参をよくしぼって合わせ、まぜます。

❾押し型にさやえんどう、錦糸卵、かに、酢めし、葉らん（なければラップ）の順に2段につめ、押します。

❿2時間ほど押して型から出し、切り分けます。

大根柚子巻き

❶大根は薄い輪切りにしてざるにのせ、2～3時間、しんなりするまで日に干します。
❷柚子の皮を1㎝幅に薄くむき、3㎝長さの細切りにします。
❸柚子を芯にして大根をくるくると巻き、容器に並べて甘酢をかけ、半日おきます。

牛肉のグリーンソース

❶たっぷりの水に肉と香味野菜を入れ、強火にかけます。煮立ったら中火で約2時間、あくをとりながら柔らかくなるまで煮て、そのまま冷まします。
❷肉をとり出して薄く切り、みじん切りの野菜とともに、合わせ酢に1時間以上漬けこみます。
❸サニーレタスと、飾り包丁を入れたラディッシュとともに盛りつけます。

鮭のアスピックマヨネーズ

❶鮭の切り身に塩をふり、少し深めの皿に並べ、酒をふりかけて蒸します。鮭から出た汁は布巾で漉してとっておきます。鮭は皮をとって冷蔵庫で冷やしておきます。
❷アスピックマヨネーズをつくります。ゼラチンは3倍の水でふやかしておきます。❶のとっておいた鮭の汁に足りなければ水を加えて半カップにして、火にかけ、煮立ってきたらふやかしておいたゼラチンを加えてとかし、冷ましておきます。この中にマヨネーズと辛子、レモン汁を入れ、とろみがつくまで冷やします。
❸よく冷えた鮭をバットに重ねた金網の上に並べ、❷のアスピックマヨネーズをなめらかにかけます。このとき、余分なマヨネーズは金網の下に落ちます。皿に移しかえて冷蔵庫に入れておきます。
❹鮭のまわりを飾るアスピックゼリーをつくります。沸騰湯に固形スープの素を入れてとかし、3倍の水でもどしておいたゼラチンを入れて溶かします。カラメルソースを少し加えて琥珀色にし、容器に流し固め、1㎝の賽の目に切ります。
❺盛りつけ皿に鮭をきれいに並べ、まわりに❹のゼリーを飾り、小さめにちぎったパセリを飾ります。

カラメルソース（1単位）

❶砂糖1カップを厚手の鍋に入れて火にかけ、徐々に熱していきます。全体がこんがりと狐色になるまで、鍋をゆすりながら加熱しつづけます。
❷熱湯½カップを加え、トロッとしたシロップ状になったら火を止めます。

黒豆

❶黒豆は洗い、ざるに上げて水分をきります。
❷釘はさびついたままさっと洗って、ガーゼかさらしでつくった袋に入れ、口をくくります（古釘のない時は、新しい釘を熱湯に通して油ぬきをし、塩をふっておけば1週間ほどでさびます）。
❸大きな鍋に水12カップを入れ、沸騰したら重曹と砂糖、醤油、塩と釘袋を入れて火を止め、黒豆を入れ、このまま4～5時間つけておきます。
❹鍋を強火にかけ、沸騰寸前に火を弱めてあくをていねいにすくいとり、さし水½カップを入れて煮立ちをとめます。これをもう一度くり返し、ぬらした落とし蓋をし、鍋の蓋もしてふきこぼれないくらいのごくごく弱火で煮ます。8時間から10時間かかって、煮汁がひたひたぐらいに減っていればちょうどよい火加減といえます。
❺豆がよくふくらんでも、煮汁の減り方が少なく、ひたひたより少し多めだったら、まだ早いのでさらに1～2時間煮て、煮汁につけたままの状態（釘袋も入れたまま）で一昼夜そのまま含ませます。

吹き寄せきんぴら

きんぴら

❶干し椎茸は水でもどして軸をとり、薄切りにします。
❷蓮根は薄いいちょう切りにし、酢水にはなします。
❸ごぼうは3～4㎝長さのせん切りにし、水にはなします。
❹人参もごぼうと同じように切ります。
❺鍋にサラダ油と胡麻油を熱し、まずごぼうを炒めてから蓮根、人参、椎茸を入れ、さらに炒めます。
❻調味料とだしを加えて、好みの柔らかさに

なるまで火を通します。

上に飾る具

❶いんげんは5～6㎜幅の斜め切りにし、塩を少し加えた湯で色よく茹でます。

❷銀杏は殻から出して塩茹でし、薄皮をむきます。

❸百合根は1枚ずつはがして根元に三角の花びらのような切りこみを入れます。生麩は5㎜の厚さに切ります。だしにみりんと塩を加えて煮立て、百合根と麩を入れてさっと煮ます。

❹栗の甘露煮は、汁をよくきって、砂糖1対水0.5でつくったシロップでさっと煮て冷まし（瓶詰特有の臭みをとるために）、半分に切ります。

❺きんぴらを器に盛り、上に栗、百合根、その他を彩りよく飾ります。

■辛子蓮根

❶蓮根は皮のまま、酢少々（分量外）を入れた湯で5～6分茹で、ざるの中に立てて水けをきっておきます。

❷味噌、砂糖、水、とき辛子をまぜ合わせ、火にかけてよく練ります。

❸蓮根の穴に❷の辛子味噌を詰めます。

❹蓮根を乾いた布で拭き、全体に小麦粉を薄くまぶしてから、片栗粉と小麦粉をまぜ合わせて卵で溶いた衣をつけ、たっぷりの油で揚げます。

❺適当な厚さの輪切りにして供します。

■浜松友の会　新年を祝う会

＊80食を約20人でもちよりました。会費1食600円でした。

材料

●箱ずし（23×16×10cmの押し型1個・10人分）	
酢めし	
米	5カップ
水	5カップ
酒	1/2カップ
昆布	10cm角1枚
合わせ酢	
1単位の分量（2単位つくる）	
米酢	3/4カップ
塩	小匙2～大匙1
みりん	大匙1
砂糖	70g
具	
干し椎茸	7枚（20g）
かんぴょう	20g
茹で筍	100g
A　だし	1～1½カップ
醤油	大匙5
砂糖	大匙4
みりん	大匙3
人参	50g
砂糖	小匙1
塩	ひとつまみ（小匙1/10）
さやえんどう	20g
塩	ひとつまみ（小匙1/10）
かに（缶詰）	小2缶
甘酢（合わせ酢の中から）	適宜
錦糸卵	
卵	6個
砂糖	大匙1/2
塩	小匙2/3
みりん	小匙1
サラダ油	少々
葉らん	適宜
●大根柚子巻き（1単位・10人分）	
大根	500g
柚子	中2個
甘酢	
酢	大匙6
だし	大匙2
砂糖	大匙4
塩	小匙2
柚子のしぼり汁	1個分
●牛肉のグリーンソース（10人分）	
牛すね肉かたまり	600g
香味野菜（セロリ・人参・玉葱などの切れ端）	適宜
パセリ	みじん切り
にんにく	各大匙2
胡瓜のピクルス	
ケッパー	
ホースラディッシュ	
玉葱みじん切り	大匙3
合わせ酢	
サラダ油	1カップ
酢＋レモン汁	1/3カップ
砂糖	小匙1½
塩	小匙1½
胡椒	少々
サニーレタス	20枚
ラディッシュ	20個

●鮭のアスピックマヨネーズ（10人分）	
生鮭切り身（60～70g）	10切れ
塩	小匙1½
酒（または白ワイン）	大匙2
アスピックマヨネーズ	
魚の蒸し汁	1/2カップ
粉ゼラチン	大匙1
（夏は小匙1増やす）	
レモン汁	小匙1
マヨネーズ	1/2カップ
とき辛子	小匙1/4
アスピックゼリー	
水	1カップ
固形スープの素	1/2個
粉ゼラチン	大匙2～2½
カラメルソース	小匙1/3～1/2
パセリ	適宜
●黒豆（1単位・20人分）	
黒豆（乾）	700g（約5カップ）
水	12カップ
重曹	小匙1
砂糖	500g
醤油	1/2カップ
塩	小匙2
さび釘（3cm長さ）	17～18本
●吹き寄せきんぴら（10人分）	
きんぴら	
ごぼう	200g
蓮根	100g
人参	50g
干し椎茸	3枚
サラダ油	大匙1
胡麻油	大匙1
薄口醤油	大匙1
酒	大匙2
砂糖	大匙1½
みりん	大匙1
だし	1/4カップ
吹き寄せ（上に飾る具）	
さやいんげん	2本
銀杏	10粒
栗の甘露煮	5個
百合根	1/2個
生麩（桜またはもみじ麩）	1/2本
だし	ひたひた
みりん	小匙2
塩	小匙1/3
●辛子蓮根（10人分）	
蓮根	15cmくらいのもの1本
白味噌	50g
砂糖	20g
水	大匙2
とき辛子	大匙1
辛子粉	大匙2
水	大匙1
衣	
卵	1個
片栗粉	大匙2½
小麦粉	大匙2½
小麦粉（蓮根にまぶす）	少々
揚げ油	適宜

祝《いわい》筵《むしろ》の食事

つくり手も招かれる側も喜びを分かち合う日(仙台友の家の竣工式)の松花堂べんとう。

●MENU●
ゆかりご飯
吸いもの
巌どり
鰹の香味焼き
かにのさらさ寄せ
きすの春雨揚げ　えびの新挽き揚げ
吹き寄せ
茄子のずんだ和え
仙台笹かま
漬けもの
岩清水

材料

●ゆかりご飯(10人分)	
米	3½カップ
水	米のかさの2割増し
ゆかり	小匙2
●吸いもの	
卵豆腐(13.5×15cm流し缶1個・10～12人分)	
┌卵	6個
│だし	卵と同量
│砂糖	小匙2/3
│塩	小匙1/2
└醤油	小匙1
三つ葉	10本
生椎茸	2個
だし	1500cc
塩	小匙1⅘
醤油	2～3滴
●巌どり(13.5×15cmの流し缶1個・10人分)	
鶏挽肉	400g
卵	1個
生姜汁	小匙2
片栗粉	大匙2
けしの実	小匙1
┌砂糖	大匙2
│みりん	大匙2
└醤油	大匙3
●鰹の香味焼き(10人分)	
鰹	250g
A┌砂糖	大匙1/3
│細葱のみじん切り	大匙2
│薄口醤油	大匙1
│白胡麻(半ずり)	小匙1½
│豆板醤	小匙1
└胡麻油	小匙1
●かにのさらさ寄せ(13.5×15cmの流し缶1個・12人分)	
かに	100g
卵	1/2個
胡瓜	10cm
粉寒天	4g
だし	2カップ
┌酒	大匙2
│砂糖	大匙1
│薄口醤油	大匙1
└塩	小匙1/2
おろし生姜	適宜

ゆかりご飯

ご飯を炊き、扇形でぬいてゆかりをふります。

吸いもの

❶卵はよくときほぐしておきます。だし、砂糖、塩、醤油を入れ、さらによくといて漉し、流し缶に入れます。

❷湯気の上がった蒸し器に入れ、中火で2～3分、火を弱めて15分蒸します。

❸蒸し上がった卵豆腐は12等分に切ります。

❹三つ葉は5cmくらいに切ります。

❺椎茸は1枚を5等分にします。

❻鍋にだしを入れて火にかけ、沸騰したら塩を入れ、椎茸も加えてひと煮し、最後に醤油をたらします。

❼お椀に卵豆腐を入れ、その上に椎茸、三つ葉をのせ、静かに汁をそそぎ入れます。

巌《いわお》どり

❶挽肉の$\frac{1}{3}$量を鍋に入れ、泡立て器でていねいにほぐします。

❷砂糖、みりん、醤油を加えてよくかきまぜ、火にかけて炒りつけたら、冷ましておきます。

❸❶の挽肉と残りの挽肉を合わせ、卵、生姜汁、片栗粉を入れてよくまぜます。

❹流し缶の内側に油をぬり、❸を平らになるように入れます。

❺200℃のオーブンで20分、けしの実をふり、さらに180℃で20分焼きます。

鰹の香味焼き

❶鰹は1切れ25gに切り、Aの調味料類につけ、両面をよくなじませておきます。

❷熱した網、またはグリルで色よく焼きます。

かにのさらさ寄せ

❶卵は薄焼きにし、細く切っておきます。

❷胡瓜はせん切りにします。

❸鍋に分量のだしを入れて火にかけ、寒天も加え、3分ほど木べらで静かにかきまぜます。調味料を加え、味をととのえます。

❹流し缶に❸を入れて少しおいてから、ほぐしたかに、胡瓜、薄焼き卵をちらすように入れ、しぜんに冷まします。

❺12個に切り分け、おろし生姜をのせていただきます。

えびの新挽き揚げ
きすの春雨揚げ

❶えびはひと節残して殻をむき、尾先を斜めに切ります。背わたをとり、腹の方に切り目を入れます。
❷きすは尾をつけたまま縦に2つに切ります。
❸それぞれ酒と塩で下味をつけます。
❹中温の油でしし唐を素揚げにします。
❺えびは水分をしっかりふきとり、片栗粉、卵白、新挽き粉の順につけ、中温で揚げます。
❻きすもしっかり水分をとり、片栗粉、卵白、春雨の順につけ、高温で揚げます。
❼レモンをくし切りにし、添えます。

吹き寄せ

高野豆腐の含め煮

❶高野豆腐は湯にひたしておきます。充分にもどったら、水分を含ませては手でやさしくしぼることを2～3回くり返します（にごりがなくなるまで）。1個を4つに切っておきます。
❷鍋にだしを入れて高野豆腐を並べ、醤油以外の調味料を加え、落とし蓋をしてゆっくり弱火で静かに煮ます。最後に醤油を入れます。
＊煮ものの中でも高野豆腐の塩分はごくごくひかえめに。冷めると塩けがつよくなります。

椎茸の甘辛煮

❶干し椎茸は水でもどしておきます。
❷軸をとり、飾り包丁を入れ、鍋に入れてもどし汁をひたひたに加え、落とし蓋をして煮ます。
❸調味料（醤油を小匙1杯残す）を加え、汁がなくなるまで煮ます。最後に残りの醤油を加えます。

筍の煮もの

❶茹でた筍は形よく切り、鍋に入れてだしをひたひたに加え、火にかけます。沸騰したら砂糖、みりんを入れ、ひと煮立ちさせて甘みを含ませます。
❷塩、醤油を加え、あくをとりながら弱火で20分くらい煮ます。

花人参

❶厚さ8㎜程度の輪に切り、花形に切ります。
❷3分くらい茹で、冷水にとります。
❸鍋にだしと人参を入れ、酢以外の調味料を入れて、汁がなくなるまで煮ます。仕上げに酢を加えます。

手綱こんにゃく

❶こんにゃくは塩でよくもみ、さっと茹でます。
❷12～14枚に切り、真ん中に2㎝の包丁目を入れ、手綱にします。
❸鍋にこんにゃくを入れ、調味料も入れて弱火で気長に、水分がほぼなくなるまで煮ます。

花蓮根

❶蓮根は5㎜厚さに切り、花形につくって酢水（分量外）につけておきます。
❷たっぷりの湯に酢（分量外）少々を入れ、蓮根を入れて下茹でします。
❸鍋に調味料類を入れ、煮立ったところに蓮根を入れ、汁がなくなるまでゆっくり煮ます。

蕗の青煮

❶蕗は塩（分量外）でよくもみます。鍋の大きさに切り、下茹でします。皮をむいてから冷たい水の中につけ、あくをぬきます。
❷鍋にだし、調味料を入れ、3～4㎝に切った蕗を入れてゆっくり煮ます。

茄子のずんだ和え

❶茄子は焼いて皮をとり、食べよい大きさにさき、だしにひたしておきます。
❷枝豆は色よく茹で、さやから豆をはじき出します。薄皮もむきます。
❸❷をすり鉢に入れ、すりこぎですります。やや粒が残る程度まですったら、砂糖、塩、醤油で味をととのえます。
❹❸のずんだ衣の$2/3$量で水けをきった茄子を和えます。残りの$1/3$量は上にかけます。
＊ずんだ＝茹でた枝豆をすりつぶしたもの。

■仙台笹かま

1枚を3つに切り、さらに2等分し、1人2枚を盛りつけます。

■漬けもの

長芋の三五八漬け

❶もち米は洗ってひと晩水に浸します。柔らかめに炊き、40℃くらいに冷ましておきます。

❷麹はほぐし、塩とまぜておきます。

❸❶と❷をへらでよくまぜ合わせてから、かめまたは容器に入れ、蓋をして発酵させます。1〜2日で発酵します。

❹長芋の皮をむき、太ければ縦2つに切ったものを❸に漬けこみます。2〜3日で食べられます（大根、茄子、人参なども漬けることができます）。

＊茄子の塩漬けと盛り合わせました。

■岩清水

❶抹茶に砂糖少々を入れ、よくまぜてから熱湯大匙1杯でときます。

❷粉寒天を分量の水に入れ、砂糖を加えて3分ほど煮ます。

❸まず寒天の⅓量をとり分けて❶の抹茶をまぜ、流し缶に流し、固めます。

❹残りの寒天液にレモン汁を入れます。

❺抹茶寒天が固まったら、上に甘納豆をちらし、❹のレモンの寒天液を静かにそそぎ入れます。冷やし固め、10〜12個に切って盛りつけます。

■仙台友の会　友の家竣工式の祝膳

＊90食を39人でつくりました。1食1000円でした。

●えびの新挽き揚げ きすの春雨揚げ（10人分）

えび	10尾
┌酒	大匙1
塩	少々（約小匙1/5）
片栗粉	大匙2/3
卵白	1/2個分
└新挽き粉（和菓子用の粉）	大匙4½
きすの開き	5尾
┌酒	大匙1
塩	少々（約小匙1/5）
片栗粉	大匙2/3
卵白	1/2個分
└春雨（0.5〜1cm長さに切ったもの）	大匙4½
しし唐辛子	1本
揚げ油	適宜
レモン	1個

●吹き寄せ（10人分）

高野豆腐の含め煮

高野豆腐	2½個
だし	300cc
砂糖	大匙2½
塩	小匙1/3
酒	大匙1
薄口醬油	大匙1/2

椎茸の甘辛煮

干し椎茸	中10枚
砂糖	大匙2
醬油	大匙1
みりん	大匙1½

筍の煮もの

茹で筍	150ｇ
だし	ひたひた
砂糖	小匙1
みりん	小匙1
塩	小匙1/4
醬油	小匙1/4

花人参

人参	150ｇ
だし	1/2カップ
砂糖	小匙1
みりん	小匙1
塩	小匙1/3
酢	小匙1/3

手綱こんにゃく（12〜14枚分）

こんにゃく	1枚（250ｇ）
だし	50cc
砂糖	大匙1
みりん	大匙1
塩	小匙1/8
醬油	大匙1⅓

花蓮根

蓮根	100ｇ
砂糖	小匙1
みりん	小匙1
塩	小匙1/4
酢	小匙1
だし	1/2カップ

蕗の青煮

蕗	100ｇ
だし	1/2カップ
砂糖	小匙1
みりん	小匙1
塩	小匙1/4

●茄子のずんだ和え（10人分）

茄子	450ｇ（正味約300ｇ）
だし	150cc

ずんだ和えの衣

枝豆	300ｇ（正味150ｇ）
┌砂糖	30ｇ
塩	小匙2/5
└薄口醬油	2〜3滴

●漬けもの

長芋の三五八漬け（1単位・40人分）

┌もち米	4カップ
米麹	5カップ
└塩	3カップ
長芋	2〜3本

●岩清水

（13.5×15cmの流し缶1個・10〜12人分）

粉寒天	4ｇ
水	3カップ
砂糖	150ｇ
甘納豆	80ｇ
レモンのしぼり汁	大匙1
抹茶	小匙1
┌砂糖	小匙1/2
└熱湯	大匙1

松花堂べんとうで祝う記念の日

大阪友の会創立七〇周年記念の昼食です。
十一月でしたので、柿、栗、銀杏、さつま芋と、秋の味覚を盛りこみました。
一品一品、素材から吟味して決めた献立です。

●MENU●
赤飯
煮もの椀
牛肉の赤ワイン煮
ささみのあられ粉揚げ
高野豆腐の含め煮
椎茸のつや煮
ほうれん草と春菊の和えもの
柿釜（紅白なます）
揚げ銀杏
生麩
きぬさや
さつま芋のとがの煮
栗の渋皮煮
奈良漬け
薯蕷饅頭

赤飯

❶米ともち米を合わせて洗い、30分ざるに上げておきます。
❷ささげは洗い、2カップの水で沸騰させて煮こぼし、また2カップの水を入れ、沸騰したら中火にし、約15分煮ます。
❸煮上がったらすぐ、ささげと煮汁に分けて冷まします。煮汁は玉じゃくしですくっては落として空気にふれさせながら冷ますと、つやが出ます。
❹炊飯器に❶の米、ささげ、塩、水分を入れ、30分おいてから炊き上げます。
❺器に盛り、胡麻をふります。

煮もの椀

❶胡麻豆腐をつくります。あたり胡麻を昆布だしでのばし、葛粉も合わせてから漉し、火にかけて練り上げます。流し缶に流して固めます。椀に盛る前に温めます。
❷だしに塩と醤油で調味し、吸地をつくります。
❸胡麻豆腐を椀に盛り（熱い吸地の中で温めてから入れるとよい）、さっと茹でて結んだ三つ葉をのせ、薄く輪切りにして、種をのぞい

た柚子をあしらい、熱い吸地をはります。

牛肉の赤ワイン煮

❶鍋に赤ワインを入れ、砂糖と醤油も加えます。牛肉は1枚ずつはがし、3～4つに切って入れ、生姜はせん切りにして加え、箸でかきまぜてほぐし、まぜながら強火で煮ます。
❷煮汁がとばないときは、肉を出して汁を煮つめてから、肉をもどし入れてからめます。

ささみのあられ粉揚げ

❶ささみは筋をとり、そぎ切りにして並べ、塩をふり、酒もふりかけてしばらくおき、水けをとります。
❷ラップをかけてすりこぎで軽く叩き、薄くのばします。
❸小麦粉、ときほぐした卵白、あられ粉をつけて160℃～170℃の油で揚げます。
＊あられ粉は白焼きのおかきを粉にしたものです。

高野豆腐の含め煮

❶高野豆腐はたっぷりの湯で充分もどします。手のひらにとり、両手で押して水をきり、水がきれいになるまでくり返し洗い、しっかり水きりします。
❷厚手鍋にだしと酒を入れて煮立て、火を止めて高野豆腐を重ならないように並べ、中火の弱で10分ほど煮ます。
❸❷のだしを半分ほどとって、残りの調味料を合わせてもどし、高野豆腐を一度返して落とし蓋、きせ蓋をし、弱火で40分くらい煮ま

す。そのまま冷めるまでおきます。

❹冷めたら食べやすい大きさに切って盛りつけます。

椎茸のつや煮

❶干し椎茸はさっと水洗いし、ひたひたの水でふっくらもどします。軸は切り落とします。

❷鍋に入れ、椎茸のもどし汁（足りなければ水を足す）をひたひたに加えます。蓋をして煮ます。火にかけて、煮立ったら中火にし、しばらくして砂糖、醤油を加え、煮汁が少なくなってきたらみりんを入れ、照りをつけます。

ほうれん草と春菊の和えもの

❶青菜はそれぞれたっぷりの熱湯で茹でてから水にさらし、3㎝長さに切ります。

❷菊の花は酢少量（分量外）を入れた熱湯でさっと茹で、水にとってざるに上げます。

❸醤油とだしを合わせて割り醤油をつくり、その1/3で青菜と菊の花を和えて下味をつけ、固くしぼります。

❹器に盛りつけ、残りの割り醤油をかけます。

＊写真は生の黄菊をあしらいました。

柿釜（紅白なます）

❶大根は4㎝長さの筒切りにして皮をむき、繊維にそって薄く切り、せん切りにします。

❷人参も同様のせん切りにします。

❸大きめのボウルに大根と人参を入れ、分量の塩をふり、かるくまぜ合わせます。

❹しんなりするまでおき、布巾に包んできつくしぼります。

❺合わせ酢をかけ、味をととのえて、柚子の皮のせん切りを加えます。

❻柿はへたをつけたまま上から1/5ほどのところを切り落とし（蓋にします）、中身をくりぬきます。なますを盛ります。

揚げ銀杏

銀杏は殻をとって低温の油で揚げます。1人分3粒。

生麩

生麩は1本を12切れにして、煮もの椀用からとり分けた吸地適量を煮立てたところに入れ、さっと煮て、そのまま冷まします。

きぬさや

洗ってすじをとり、花おちは残します。塩（2%）をかるくふって手でよくまぶし、さっと茹でて、冷水にとり、色よく仕上げます。

さつま芋のとがの煮

❶さつま芋は7〜8㎜の輪切りにして水洗いし、鍋に入れ、2カップの水に半分に割ったくちなしの実をガーゼに包んで入れて10分くらい煮ます。

❷茹で汁を捨ててさっと洗い、1カップの水を入れて砂糖を加え、少し煮て塩を入れ、仕上げに薄口醤油少々を落とします。

栗の渋皮煮

❶あく水をつくります。1ℓの水に燃えきったわら灰1カップのめやすで、3ℓのあく水を用意し、この上ずみを使います。

❷栗は渋皮に傷をつけないように鬼皮をむき、あく水につけてひと晩おきます。

❸あく水を捨て、たっぷりの水で20〜30分茹で、新しい水にとります。栗を指のはらでこすり、綿のようなものと、筋のような渋をとると、つるりとした渋皮だけが残ります。そのまま約2時間水につけておきます。新しい水に移して煮立て、新しく水をかえてさらします。これを何度かくり返し、渋をぬきます。

❹最後は1時間ほど茹で、あくの具合と柔らかさをみて、冷めるまでおき、盆ざるに移して水をきります。

❺水700〜800ccで白ざらめを煮とかして栗を入れ（水量は栗がかぶるくらいの状態）、30分ほど煮含め、ひと晩おきます。栗だけ引き上げて汁を半量に煮つめ、塩ひとつまみを入れ、栗をもどして味を含ませます。

＊最近はわらが入手できないので、あく水はなかなか用意できないかもしれませんが、もし地方でわらを燃やすことが可能だったら、重曹を使うのとはでき上がりの味がちがいますので、一度お試し下さい。

奈良漬け

❶大きいすり鉢に、酒粕と砂糖を入れ、すりこぎでよくついて、練り粕をつくります。

❷瓜を布巾で洗います。水けをきって瓜の上下を切り、さらに縦半分に切り、幅広形スプーンで静かにていねいに種をとり除きます。正味の目方を計ります。

❸瓜の目方の20％の塩を、瓜の舟に平均に入れ、桶に切り口を上に向けて並べます。平石1枚程度の重石を、水が上がるまでのせます。水が上がったらかるい重石に替え、平均につかるように手直しします。

❹約24時間塩漬けし、瓜を塩水ですすぎながらとり出し、平らなざるに立てかけるようにふせて水をきります。2〜3時間おきます。

❺ホーローの器の底に❶の練り粕をゴムべらで敷き、❹の瓜の舟いっぱいに練り粕をぬりつけて、切り口を下向きに並べます。瓜の背に粕をぬります。これをくり返し、一番上には2㎝厚さくらいに粕をならし、ラップをはります。重石は不要です。

＊20日目ころから食べられます。

薯蕷饅頭《じょうよまんじゅう》

❶こしあん（後述）をつくり、20個に丸めます。

❷山の芋は皮をむいておろします。砂糖をふるって加え、指で手早くつまみ上げては叩きつけをくり返し、空気を含ませ、力をぬきます。

❸❷の中に上新粉を入れて、よくまぜ合わせます。

❹とり粉を薄く手につけながら、❸を20個にちぎり、あんを包んで丸めます。水でといた食紅を竹串の太い方につけて真ん中に印を入れます。

❺ぬれ布巾を敷いた蒸し器に入れ、強火で3〜4分蒸し、そっと蓋をずらして火の通り加減をみ、饅頭の皮につやが出ていたら中火の弱にして7〜8分蒸します。

❻蒸し上がったら手水をつけて蒸し器からとり出し、尻かわ（竹の皮か経木を2.5㎝の円形に切ったもの）を当て、ざるの上で冷まします。

こしあんのつくり方

❶小豆は洗い、豆のかさの4〜5倍の水を加えて中火にかけ、沸騰したら$\frac{1}{3}$カップほどのさし水をし、一度煮立ててあくが出たところでざるにあけ、煮汁を捨てます。新たに豆の4〜5倍の水を加え、指先でかるくつぶれるくらいに煮ます。大きめのボウルに水を入れ、中にざるをおき、柔らかくなった小豆を入れます。手でもみつぶすようにして、あんを水の中に漉します。目の細かいざるで再び漉します。

❷漉し袋に入れて固くしぼり、鍋にもどし入れて砂糖を加え、火にかけて、しゃもじで一方向に練ります（かきまぜない）。

❸味噌より少し柔らかめになったら火を止めます。最後にひとつまみの塩を入れます。

■大阪友の会　創立70周年記念例会

＊柿釜の柿は会員の家のものを使い、栗は近郊の栗林へ拾いに行きました。奈良漬けは会員の家で収穫した瓜を泊まりこんで漬けたものです。

＊お客様用100食、品数をかえて折詰で会員用600食を延人数70人でつくりました。1食650円としました。

材料

●赤飯（10〜12人分）	
┌もち米	3カップ
└米	3カップ
┌ささげ	1カップ
└水	4カップ
塩	小匙1弱
水分（ささげの煮汁＋水）	$5\frac{3}{4}$カップ
炒り胡麻（黒）	小匙1

●煮もの椀（13.5×15㎝の流し缶1個・10〜12人分）	
胡麻豆腐	
┌あたり胡麻（白）	100g
│吉野葛	120g
└昆布だし	5カップ
だし	2ℓ
┌塩	小匙2〜3（0.5〜0.7％）
└薄口醤油	（1椀に1〜2滴）
三つ葉	10本
柚子	2個

●牛肉の赤ワイン煮（10〜12人分）	
牛ロース肉または切り落とし（1.5〜2㎜の薄切り）	300g
赤ワイン	180cc
生姜	30g
砂糖	40g
醤油	40cc

●ささみのあられ粉揚げ（10〜12人分）	
鶏のささみ	250g
塩	小匙1/5
酒	小匙1
小麦粉	大匙1
卵白	1個分
あられ粉	約50g
揚げ油	適宜

●高野豆腐の含め煮（1単位）	
高野豆腐	5枚
┌だし	500cc
│酒	100cc
│砂糖	大匙5
│塩	小匙2/3
└薄口醤油	大匙1/2

●椎茸のつや煮（10〜12人分）	
干し椎茸	30g
砂糖	大匙$1\frac{1}{2}$
醤油	大匙1
みりん	小匙2

●ほうれん草と春菊の和えもの（10〜12人分）	
ほうれん草	300g
春菊	100g
菊の花	20g
醤油	大匙2弱
だし	大匙3

●柿釜（紅白なます）（10〜12人分）	
大根	500g
人参	60g
塩	大匙1
合わせ酢	
┌酢	1/4カップ
│だし	大匙$1\frac{1}{2}$強
│砂糖	大匙$2\frac{1}{2}$
└醤油	1〜2滴
柚子の皮のせん切り	約1/3個分
柿	10〜12個

●生麩（10人分）	
生麩	1本

●きぬさや（10人分）	
きぬさや	30枚

●さつま芋のとがの煮（10〜12人分）	
さつま芋（細いもの）	400g
くちなしの実	2〜3個
グラニュー糖	30〜40g
塩	約小匙1/2
薄口醤油	小匙1/5

●栗の渋皮煮（1単位）	
栗（新鮮なもの）	1kg（30〜40粒）
砂糖（白ざらめ）	栗の重さの6〜7割
塩	ひとつまみ
あく水	栗の3倍

●奈良漬け（1単位・約100人分）	
しま瓜（つけ瓜）	正味2kg
塩	400g
酒粕（やわらかめのもの）	1kg
白砂糖	500g

●薯蕷饅頭（1単位・20個分）	
山の芋	正味50g
砂糖	120g
上新粉	70〜75g
とり粉（上新粉）	適宜
こしあん	400g
食紅	少々
こしあん	
小豆（乾）	150g（1カップ）
砂糖（グラニュー糖）	150〜180g
塩	ひとつまみ（小匙1/8）

睦月の客料理

お食後に一月の和菓子、花びら餅を添えた新春のおべんとうです。

えびと銀杏のご飯

❶米は炊く30分以上前に洗ってざるに上げておきます。

❷えびは背わたと殻をとり、食べやすい大きさに切って、塩で下味をつけておきます。

❸銀杏は煎って殻をむいておきます。

❹釜に米、えび、銀杏と、調味料を含めた水を加え、かるくまぜて炊きます。

❺今回はひさご型でぬき、上に三つ葉の軸をきざんでちらしました。

＊冷凍えびの扱い方

えびは、氷水1ℓに塩大匙2と重曹小匙1/2を入れた中に30分つけて解凍し、背わたをとります。臭みをとり、冷凍やせをふせいで、身をぷりぷりさせます。

手まり麸の清汁

❶昆布と削り節でとっただしを中火にかけ、塩で控えめに調味します。手まり麸と、石づきをとって洗ったしめじを加えてかるく火を通します。

●MENU●

えびと銀杏のご飯
手まり麸の清汁
鰆の幽庵焼き
きんかんの甘煮
高野豆腐の印籠煮
野菜の煮もの
春菊の胡麻和え
漬けもの
花びら餅

材料

●えびと銀杏のご飯(10人分)		
米	5カップ	
水(昆布4cm角×2枚のつけ汁)		合わせて6カップ
酒	大匙$2\frac{1}{2}$	
塩	小匙2強(0.6%)	
むきえび	250g	
塩	小匙3/5	
銀杏	130g	
三つ葉の軸	4～5本	
●手まり麸の清汁(10人分)		
だし	1500cc	
水	8カップ	
昆布	15g	
削り節	30g	
塩	小匙$1\frac{1}{2}$	
薄口醤油	小匙$1\frac{1}{2}$	
手まり麸	10個	
しめじ	2パック	
菜の花(または三つ葉)	適宜	
柚子の皮	適宜	
●鰆の幽庵焼き(10人分)		
鰆	10切れ(700g)	
つけ汁		
醤油・酒	各大匙5	
柚子の輪切り	5枚	
●きんかんの甘煮(1単位・10人分)		
きんかん	200g	
砂糖	80g	
リキュール	大匙2	
●高野豆腐の印籠煮(10人分)		
高野豆腐	5枚	
詰めもの		
鶏挽肉	180g	
グリーンピース	大匙2	
人参	70g	
干し椎茸	小2枚	
長葱	1/2本	
生姜(みじん切り)	小匙1/2	
A 醤油・砂糖・酒	各小匙$1\frac{1}{2}$	
A 塩	小匙1/10	
煮汁		
だし	600cc	
砂糖	60g	
酒	大匙2	
塩	小匙1弱	
醤油	5～6滴	
●野菜の煮もの(10人分)		
京人参	350g	合わせて1kg
こんにゃく	350g	
干し椎茸20枚(もどして300g)		
みりん	大匙1	
さやえんどう	60g	
塩	小匙1強	
煮汁		
だし	ひたひた(500cc)	
醤油	大匙5	
砂糖	大匙2	
みりん	大匙2	
●春菊の胡麻和え(10人分)		
春菊	500g	
胡麻	大匙5	
だし	大匙$2\frac{1}{2}$	
醤油	大匙$2\frac{1}{2}$	
砂糖	大匙$1\frac{2}{3}$	
柚子	適宜	
●花びら餅(1単位・14個分)		
白玉粉	50g	
水	100cc	
上用粉	50g	
砂糖	100g	
片栗粉(打ち粉用)	適宜	
味噌あん		
白あん	200g	
西京味噌	20g	
食紅	少々	
ごぼうの甘煮		
ごぼう	100gにつき	
砂糖	120g	
水	100cc	
グラニュー糖	適宜	

❷菜の花は茹でて食べやすい長さに切ります。柚子は松葉柚子にします。

❸椀に具を盛ります。汁の味をみて薄口醤油で味をととのえ、ひと煮立ちさせて椀にそそぎます。

鰆の幽庵焼き

❶鰆はつけ汁に最低30分以上、できればひと晩くらいつけておきます。

❷汁けをかるく拭き、盛りつけるときに表になる方から焼きます。裏返して裏からも焼きます。

❸火からおろしてつけ汁をぬり、また火にかけて乾かします。これを2～3回くり返し、つやよく焼き上げます。

きんかんの甘煮

❶きんかんをボウルに入れて水をはり、半日くらいあくをぬきます。

❷ざるに上げて表面に楊枝でぶつぶつ穴を開けます。

❸鍋に、きんかんとたっぷりの水を入れて中火にかけ、水を2～3回替えながら柔らかくなるまで煮ます。

❹砂糖を加えて煮からめ、最後にリキュールを加えて2～3分煮、仕上げます。

高野豆腐の印籠煮

❶高野豆腐をもどし、長方形の短い方の側面中央に包丁の先を入れ、向こう側まで通します。反対側からも包丁を入れ、両端を5～6mm残して空洞をつくります。

❷人参、もどした干し椎茸、長葱、生姜はみじん切りにします。鶏挽肉、グリーンピース、Aの調味料を一緒によくまぜて5等分し、詰めものを用意します。
❸高野豆腐の切れ目の両側から、❷を平均に詰まるようにていねいに詰めます。
❹煮汁を煮立て、高野豆腐が重ならないように並べ、落とし蓋をし、中火で30分くらい煮汁がなくなるまで煮含めます。
❺冷めてから1個を4等分し、切り口を上にして盛りつけます。
＊生姜のみじん切りは小匙1杯約4gです。

野菜の煮もの

❶人参は1.5㎝厚さの輪切りにして梅形にし、5分下茹でします。こんにゃくは塩でもみ、5分茹でて7～8㎜厚さに切り、真ん中に切り目を入れ、中に片端をくぐらせて手綱にします。干し椎茸は前日から水にひたし、冷蔵庫に入れてゆっくりもどします。軸は切り落とします。
❷下ごしらえをした❶の材料を鍋に入れ、煮汁を加えて落とし蓋をし、中火でゆっくり煮ます。煮上がったら椎茸を鍋に残し、みりん少々を足して汁けをからませます。
❸さやえんどうはすじをとり、花おちを残します。塩をからめてさっと茹で、盆ざるにとって手早く冷まします。ほかの野菜とともに盛りつけます。

春菊の胡麻和え

❶春菊はさっと茹でて、たっぷりの冷水にとり、さらします。かるくしぼって3㎝長さに切ります。
❷胡麻は布巾にくるみ、水洗いしてきつくしぼります。小鍋に入れて火にかけ、木しゃもじでゆっくり炒ります。すり鉢ですり、だしと調味料を加えて、春菊をかるく和えます。
❸器に盛り、柚子を飾ります。

花びら餅

❶耐熱ガラスのボウルに白玉粉を入れ、なめらかになるように木しゃもじでまぜながら、水を徐々に加えます。
❷別のボウルに上用粉と砂糖をよくまぜ合わせ、❶のボウルに入れ、求肥づくりをします。よくまぜてラップをし、電子レンジ（500w）で2分10秒加熱します。
❸レンジから出して木しゃもじでまぜ、再び電子レンジで2分加熱します。
❹こね板に片栗粉をうち、とり出した❸の求肥をこね、棒状にします。親指と人差し指でしぼり出しながら14個に切り分けます。
❺丸め直して、手またはめん棒で直径7㎝の円形にのします（餃子の皮のように）。
❻白あんに大匙2の水を入れて火にかけ、ゆるくなったところへ西京味噌を入れます。
❼食紅は、楊枝の先につけて小匙$\frac{1}{2}$の水でとかし、色合いをみて、味噌あんにスプーンでたらし、ほどよい色をつけます。この味噌あんを14個の俵型に丸めます。
❽円形の求肥の真ん中にごぼうの甘煮をのせ、味噌あんを重ねて半月にたたみ、まわりをかるく押さえます。

ごぼうの甘煮

❶ごぼうは皮をこそげ、9㎝長さで5㎜角に切って酢水にさらします。
❷小鍋に水と$\frac{1}{3}$量の砂糖と、ごぼうを洗って入れ、煮ます。火が通ったら残りの砂糖を加えて煮含め、鍋ごとひと晩おきます。
❸翌日バットに重ねた網の上に1本ずつとり出して乾かし、グラニュー糖をまぶしておきます。残りは保存できます。

■町田友の会

＊講習会の講師の方への昼食です。
＊3食分を3名でつくり、もちよりました。1食795円でした。

新年の集いに

新年会の献立は、少し改まったものにし、当日皆でつくったものと、もちよりを合わせておべんとう箱につめました。

●MENU●

きびご飯
わかめと麩の清汁
燻魚
ごぼうの昆布巻き
煮もの
高野豆腐　こんにゃく
椎茸　さやえんどう
伊達巻き
ピーナッツ豆腐
白和え
紅白なます
柚子大根
きんかんの甘煮
うぐいす餅

きびご飯

❶米にもちきびを入れ、一緒に洗います。
❷酒も加えて水加減し、炊き上げます。

わかめと麩の清汁

❶昆布は30分ほど前に分量の水につけ、火にかけます。
❷煮立つ直前に昆布をとり出し、削り節を入れ、ぐらっと煮立ったら火を止めます。
❸削り節が沈むのを待って漉します。
❹麩、わかめはもどして食べやすく切ります。三つ葉は茹でて結びます。
❺分量のだしに味つけし、椀に❹を盛って熱いだしをはります。

燻魚《しゅんゆい》

❶鯖は三枚おろしにし、1切れ30gくらいに切って、Aに30分ほどつけこみます。
❷鯖の水けをよく拭き、180℃の油で1〜2分素揚げにします。
❸Bを合わせ、砂糖がとけるくらいまで火にかけます。
❹揚げたてをBにつけこみます。
❺長葱は白髪葱にして鯖の上にのせます。

ごぼうの昆布巻き

❶昆布はたっぷりの水に10分ほどつけます。
❷ごぼうは皮をこそげ、昆布の幅より少し長めに切って酢水（分量外）につけておきます。
❸ごぼうを昆布の端においてくるくると巻き、最後を楊枝でとめます。
❹鍋に昆布巻きをすき間なくきっちりと並べ、❶のつけ汁をかぶるくらいにたっぷりと入れ、落とし蓋をして中火の弱で30分ほど煮ます。酒と酢を加え、さらに30分ほど煮て、砂糖を加え、15分ほど煮ます。
❺竹串がスーッと通るくらいになったら醤油を2回に分けて入れ、煮汁が少し残るくらいで火を止めます。
❻バットにとり出し、うちわであおいで照りを出します。
❼盛りつける器に合わせて切ります。

煮もの

高野豆腐の含め煮

❶たっぷりの手引き湯（60〜70℃くらい）で高野豆腐をもどします。充分に湯を含んで大きくなったら両手のひらで押さえるようにして水をきり、水を2度ほどとり替えながら、再びよくしぼります。
❷鍋にだしと調味料を入れて煮立て、高野豆腐が重ならないように入れます。煮立ってから弱火で30分ほど煮て火を止め、汁を含ませます。

こんにゃくの煮もの

❶こんにゃくを塩でもみ、8㎜厚さに切り、手綱結びにして湯に通します。
❷鍋にこんにゃくとだし、調味料を入れ、汁けがなくなるまで煮ます。

椎茸の甘煮

❶椎茸はかぶるくらいの水でもどします。
❷かるく水けをきり、軸を切ってひたひたのもどし汁と調味料を入れ、火にかけます。
❸煮立つまで中火にし、あくをすくいとります。
❹落とし蓋をして、途中上下を返しながら、煮汁がなくなるまで煮ます。

さやえんどう

筋をとり、かるく塩茹でにします。

伊達巻き

❶全ての材料、調味料をフードプロセッサーにかけて、なめらかにします。
❷天板1枚にオーブンペーパーを敷き、❶のたねを流し入れ、200℃のオーブンの上段で12分ほど焼きます。
❸表面によい焼き色がついたら、焼き面を下にして鬼すだれにとり、手前から1㎝間隔に6〜7本の切り目を入れます。
❹形よく巻いて、両端を輪ゴムで止め、ゆがまないように立てて、完全に冷まします。
❺好みの厚さに切って盛りつけます。

ピーナッツ豆腐

❶ピーナッツは皮をむいてひと晩水につけ、ミキサーにかけてから、漉し器なら2回（さらし布なら1回）漉します。
❷葛粉を温めた牛乳の中でしっかりとかして鍋に入れ、ピーナッツと合わせて火にかけ、木杓子で透き通るまでよく練ります。
❸型を水でぬらし、流し入れます。
❹固まったら型から出し、切り分けて盛りつけます。
❺おろしわさびを天盛りにし、醤油でいただきます。

白和え

❶豆腐は適当な大きさに切って熱湯に入れ、20〜30秒茹でて、布巾を広げたざるにあけ、冷ましてから包んで水けをしぼります。
❷すり鉢で白胡麻をすり、その中に豆腐と和え衣の調味料を入れてよくすります。
❸春菊はさっと茹で、割り醤油で下味をつけ、しぼって3㎝くらいに切ります。
❹こんにゃくは塩でもんで水洗いし、細めの短冊に切って湯通しします。しめじは小房に分け、他の材料と大きさを揃えておきます。
❺鍋の中にAの調味料を入れ、先にこんにゃくをしばらく煮含ませ、しめじを入れてさっと煮、ざるに上げて水けをきります。
❻和え衣ですべての材料を和えます。

＊白和えの塩分は、和える材料には1%、和え衣には1.5%が丁度よい量です。

紅白なます

❶大根は4cmの筒切りにし、皮をむいてせんいにそってせん切りに、人参も同様のせん切りにし、塩をまぶして、しばらくおきます。
❷布巾で水けをきつくしぼり、合わせ酢につけ、柚子の皮のせん切りを加えてまぜ合わせ、味をなじませます。
❸柚子釜用の柚子の上部を横に切りとり、中をくりぬいてなますをつめ、柚子の皮のせん切りをのせます。

柚子大根

❶大根の皮をむいて縦四つ割りにし、5㎜厚さに切ります。
❷容器に大根を重ねて入れ、上から調味料、柚子、赤唐辛子を入れ、重石をします。
❸翌日から食べられますが、おいしいのは4～5日目くらいです。

きんかんの甘煮

❶きんかんをきれいに洗い、1粒1粒に竹串で数か所穴を開けます。
❷たっぷりの水ときんかんを鍋に入れ、蓋をして火にかけ、ぐらぐらしたらざるにとります。2～3回同じように茹でこぼします。
❸鍋に分量の砂糖と水を入れて煮とかし、きんかんを入れ、煮立ったら2分ほど弱火で炊き、蓋をとらずにひと晩おきます。

うぐいす餅

❶あんを1個25gで10個に丸めておきます。
❷白玉粉と水をよくまぜ、砂糖を入れてさらによくとかします。
❸ラップなしでレンジの強で5分にセットし、途中2～3回とり出しながら、しゃもじで粉っぽさがなくなるまでよく練ります。
❹うぐいす粉をふったのし板にとり出し、10等分してあんを包み、形をととのえます。でき上がったものに、うぐいす粉を茶こしを通してふりかけます。

■北九州友の会　特別例会食メニュー

＊40食を5人で。ただし、伊達巻き、昆布巻き、きんかんの甘煮はもちよりました。1食原価は300円。500円で皆に頒けました。

材料

●きびご飯（8～10人分）

米	4カップ
もちきび	大匙8
酒	大匙1
水	米のかさの2割増し

●わかめと麩の清汁（10人分）

だし	7½カップ
水	8～8½カップ（蒸発分を含む）
昆布	15g
削り節	30g
塩	小匙1強
醤油	小匙1/2
わかめ（乾）	10g（1人1g）
麩	30個（1人3個）
三つ葉	20本（1人2本）

●燻魚（10人分）

鯖	1尾（約700g）
A 醤油	大匙3
酒	大匙1
生姜薄切り	3～4枚
長葱（青い部分）	3cmぶつ切り
B 醤油	大匙1
酒	大匙1
砂糖	大匙1½
胡麻油	小匙2
揚げ油	適宜
長葱	1本

●ごぼうの昆布巻き（10人分）

昆布	45cm長さ6本（約100g）
ごぼう	1本
水（つけ汁）	約3カップ
酒	1/4カップ
酢	大匙1½
砂糖	80g
醤油	30cc

●煮もの

高野豆腐の含め煮（10人分）

高野豆腐	5枚
だし	3カップ
薄口醤油	大匙1½
砂糖・酒	各大匙3
みりん	大匙2
塩	小匙1/2

こんにゃくの煮もの（10人分）

こんにゃく	1枚
だし	1カップ
醤油・砂糖	各大匙1½
みりん	大匙1

椎茸の甘煮（10人分）

干し椎茸	50g（10枚）
砂糖	大匙4
酒	大匙3
醤油	大匙2
みりん	大匙1
さやえんどう	30枚（1人3枚）

●伊達巻き（天板24×29cm）（1本・8人分）

白身魚のすり身	150g
卵	6個
砂糖	90g
酒	大匙1
みりん	大匙1
薄口醤油	小匙1
塩	小匙1/3

＊魚のすり身のかわりにはんぺんでもよい

●ピーナッツ豆腐（11×14×5cm流し缶1個・20～25人分）

ピーナッツ（生）	1/3カップ（40g）
水	1カップ
葛粉	50g
牛乳	230cc
おろしわさび	適宜

●白和え（10人分）

春菊	200g
割り醤油	
醤油	大匙1
だし	大匙2
こんにゃく	50g
しめじ	100g
A だし	1/2カップ
醤油	大匙1/2
砂糖	小匙1
和え衣	
豆腐（木綿）	1丁（300g）
白胡麻	大匙4
砂糖	大匙2½
みりん	大匙2
味噌（甘口）	40g

●紅白なます（10人分）

大根	400g
人参	40g
塩	小匙1½
合わせ酢	
だし	大匙2
酢	大匙4
砂糖	大匙3
塩	小匙1/2
柚子（柚子釜用）	小10個
柚子の皮（せん切り）	適宜

●柚子大根（10人分）

大根	250g
砂糖	40g
酢	10cc
塩	小匙2
柚子（皮としぼり汁）	1/4個分
赤唐辛子輪切り	少々

●きんかんの甘煮（10人分）

きんかん	150g
砂糖	60g（きんかんの40%）
水	大匙2強

●うぐいす餅（10個分）

白玉粉	125g
水	1カップ
砂糖	70g
練りあん	250g
うぐいす粉（青きな粉）	大匙3強

冬の祝会の献立

冬の日の集まりにふさわしい献立です。
金時豆のおこわ、車麩の煮もの、白花豆の柚子煮、あちゃらは地方料理です。

●MENU●
金時豆のおこわ
はんぺんの清汁
鮭のふくさ包み
車麩の煮もの
白花豆の柚子煮
蕪と人参のあちゃら
ほうれん草の辛子和え
三色みかんゼリー

金時豆のおこわ

❶もち米はひと晩水につけます。
❷金時豆は3倍の水につけ、3時間以上おいてから、そのまま火にかけて、二度くらいさし水をしながら茹でます。
❸少し固めのところで茹で汁をひたひたにし、砂糖、塩で味をつけ、ひと晩おきます。

蒸し方

❶もち米を蒸し器に入れるとき、塩をふり入れます。
❷強火で20分蒸し、一度米の天地を返すとよいでしょう。途中打ち水を二度し、約50~60分蒸します。
❸飯台などの口の広い器に移し、豆をまぜます。豆は必ずもう一度熱くし、汁をきってまぜます。
❹器に盛り、胡麻塩をふります。

はんぺんの清汁

❶だしをとって調味し、清汁を仕立てます。
❷菜の花は茹でて食べやすい長さに切ります。はんぺんは大きさと厚みによって適宜に切り分けます。
❸椀に花型にぬいたはんぺんと菜の花を盛り、清汁をはって松葉柚子をのせます。

鮭のふくさ包み

❶卵をときほぐし、塩と砂糖、水どき片栗粉を入れて裏漉します。
❷フライパンに薄く油をひき、薄焼き卵を10枚焼きます。
❸三つ葉はさっと湯通しします。
❹干し椎茸はもどして玉葱とともに5㎜角に切ります。
❺油で玉葱、椎茸を充分に炒め、缶汁をきった鮭とグリーンピースを合わせて炒めます。
❻調味料、生姜汁を加え、味をからませて10等分します。
❼薄焼き卵の上に具をのせてふくさ包みにし、三つ葉2本で結びます。

車麩の煮もの

❶干し椎茸はもどし、石づきをとります。
❷こんにゃくは7~8㎜厚さに切り、手綱に結んで茹でます。

❸車麩は水でもどして、食べやすい大きさに切り、しっかりと水をしぼって中温の油で揚げます。

❹だしと調味料を煮立て、麩、干し椎茸、こんにゃくを入れて弱火で煮含めます。

❺人参は梅形にぬいて薄く切り、オクラとともにさっと茹でておき、❹に加えてかるく火を通します。

❻かたちよく盛り合わせます。

白花豆の柚子煮

❶豆を洗い、分量の水にひと晩、しわがなくなるまでつけておきます。

❷おどらない程度の中火にかけ、沸騰したら、落とし蓋をしたまま、水を水道の蛇口からちょろちょろ入れ、水を替えます。

❸❷を2〜3回くり返し、とろ火で親指と小指でつまんでつぶれるくらいに煮て、ざるに上げます。

❹鍋にみつの材料を入れ、火にかけてとかします。

❺みつの中に豆を入れ、そっとゆすります。10分くらいとろ火で味をしみこませます。

❻柚子の皮をすりおろし、ふり入れます。

蕪と人参のあちゃら

❶蕪は皮をむいて2㎜くらいの薄切り。人参も同じように薄切りにして一緒に塩でかるくもんでおきます。

❷昆布はなるべく細く切ります。

車麩の煮もの

材料

●金時豆のおこわ（1単位・10人分）	
もち米	9カップ
金時豆	2カップ
砂糖	1カップ
塩	小匙1～1½
塩（もち米用）	小匙1
胡麻塩	約大匙2

●はんぺんの清汁（10人分）	
はんぺん	大1枚
菜の花（三つ葉でもよい）	200g
だし	7½カップ
水	8カップ
昆布	25～30g（10cm角2枚）
削り節	25～30g（大匙山盛り8）
塩	小匙2弱
醤油	小匙1/2
柚子	1/2個

●鮭のふくさ包み（10個分）	
薄焼き卵	10枚
卵	大6個
塩	小匙1/4
砂糖	大匙1
片栗粉	小匙2
水	小匙2
サラダ油	（約小匙3/5）
中身	
鮭缶	大1缶（190g）
玉葱	1個
干し椎茸	4枚
グリーンピース（茹でたもの）	大匙2
サラダ油	大匙1
塩	小匙1/2
酒	大匙1
醤油	小匙2/3
片栗粉	小匙2
生姜汁	小匙1
三つ葉	20本

●車麩の煮もの（10人分）	
車麩（直径7cmのもの）	5枚
干し椎茸	10枚
こんにゃく	2/3枚
人参	1本
オクラ	10本
だし	3カップ
砂糖	大匙1～2
醤油	大匙3
揚げ油	適宜

●白花豆の柚子煮（1単位・約12人分）	
白花豆	2カップ
水	6カップ
柚子の皮のすりおろし	約1/2個分
みつ用	
砂糖	200g
みりん	大匙2
水	小匙1/2

●蕪と人参のあちゃら（10人分）	
蕪（中）	7個
人参（中）	1本
昆布	10cm
甘酢	
酢	1/2カップ
砂糖	大匙2
塩	小匙1/2
柚子の皮	1/2個分

●ほうれん草の辛子和え（10人分）	
ほうれん草	400g
醤油	大匙3
みりん	大匙2
練り辛子	小匙2

●三色みかんゼリー（1単位・10～20人分）	
白のゼリー	
牛乳	300cc
粉ゼラチン	大匙1⅓
砂糖	40g
バニラエッセンス	少々
オレンジ色のゼリー	
みかん（皮のしっかりしたもの）	5個
粉ゼラチン	大匙1⅓
砂糖	40g
緑のゼリー	
湯	300cc
粉ゼラチン	大匙1⅓
レモンのしぼり汁	1/4個分
砂糖	40g
ペパーミント	大匙1

❸甘酢の材料を合わせ、一度煮立てて冷まします。

❹❶の水けをしぼり、甘酢につけ、昆布を加えます。

❺柚子の皮のせん切りを天盛りします。

ほうれん草の辛子和え

❶ほうれん草を茹でて冷水にとり、水けをしぼります。

❷食べやすい長さに切り、盛りつける直前に辛子醤油で和えます。

三色みかんゼリー

❶各色のゼラチンをそれぞれ3倍の水でしとらせておきます。

❷みかんの上部を切りとり、中身をとり出し、器をつくります。とり出した実からジュースをしぼって300cc用意します。

❸牛乳を火にかけて砂糖を入れ、とけたらゼラチンを加えて火を止め、とかします。バニラエッセンスを加えます。

❹みかんの器に牛乳のゼリー液を⅓くらい入れて固めます。

❺みかんジュースに砂糖を加えて火にかけ、砂糖がとけたらゼラチンを加え、火を止めて冷まします。固まった牛乳ゼリーの上に⅔くらいまで入れ、冷やし固めます。

❻湯300ccを沸かして砂糖を加え、とけたらゼラチンを加えて火を止め、レモンのしぼり汁とペパーミントを加えて冷まします。

❼固まったみかんゼリーの上に、ペパーミントのゼリー液をみかんの皮の口まで流しこみ、冷やして固めます。切り分けて盛りつけます。

＊写真は1個を¼に切りましたが、1人½個あてでもよいでしょう。

■高岡友の会　新年の祝会のメニュー

＊40食を12～15人で。各最寄りがつくって当日もちよりました。1食660円でした。

琉球料理のごちそう

豚肉は沖縄料理に欠かせない素材。ご飯、汁もの、炒めもの、煮ものにと幅広く使われます。

●MENU●

ジューシー（炊きこみご飯）
イナムドチ（豚肉の味噌汁）
ラフテー（豚の角煮）
クーブイリチー（昆布と豚肉の炒め煮）
ヌンクーグワー（大根の煮もの）
ジーマーミ豆腐（落花生豆腐）
スヌイ（もずく）の酢のもの

ジューシー

❶米は炊く30分前にといで、水けをきっておきます。
❷豚肉は茹でて3～5㎜の角切りにします。
❸ひじきは水につけてもどしておきます。
❹人参、かまぼこも同じく3～5㎜の角切りにします。椎茸はもどしてから石づきをとり、3～5㎜角に切ります。
❺釜に米、だし、調味料と、かまぼことラード以外の材料を入れて炊きます。蒸らしに入る前に、ラードとかまぼこを入れます。
❻器に盛り、最後にあさつきの小口切りをのせます。

イナムドチ

❶干し椎茸は水でもどして石づきをとり、せん切りにします。
❷豚肉2種は、茹でて大きめの短冊切りにします。
❸こんにゃくも豚肉に合わせて短冊切りにし、塩でもみ、茹でます。
❹かまぼこも短冊切りにします。
❺筍は厚さを他の材料に合わせて、短冊に切ります。
❻鍋にかまぼこ以外の材料とだしを入れて煮ます。
❼味噌をといて加え、かまぼこを入れて煮上げます。

ラフテー

❶豚バラ肉はかたまりのまま鍋に入れ、かぶるくらいの湯で茹で始めます。煮立ったらあくをすくい、弱火で1時間半くらい茹でたあと、汁ごと冷まします。
❷肉をとり出し、4～5㎝角に切ります。
❸鍋に分量のだし、泡盛、調味料を合わせて火にかけ、肉を入れ、弱火で落とし蓋をして1時間半くらいゆっくり煮ます。箸でちぎれるほど柔らかくなったら火を止め、味を含ませます。
＊醤油は2～3回に分けて入れます。
＊つけ合わせのゴーヤーは、種をとって薄切りにし、塩を入れた湯でさっと茹でました。

クーブイリチー

❶昆布はたっぷりの酢水に入れてもどし（ぬめりが出るので手でまぜないこと）、2～3㎜幅のせん切りにします。
❷豚肉は茹でて4㎝長さの薄い短冊切りにします。こんにゃくも薄い短冊切り、または細切りにして塩でもみ、洗ってから茹でておきます。かまぼこも同じように切ります。
❸鍋に油を熱して豚肉を炒め、Aの調味料を加えてジュッと音をさせ、次に昆布を水けをきって加え、炒めます。
❹だしを4～5回に分けて加え、昆布が柔らかくなるまで煮こみ、こんにゃくとかまぼこを加えてさらに10分くらい煮こみます（多少汁けがある方がおいしい）。

ヌンクーグワー

❶大根と人参は1.5㎝の角切りにして、塩小匙1（分量外）をしておき、のちに水けをきります。
❷豚肉は丸ごと茹でて、大根と同じく角切りにし、砂糖と醤油で下煮しておきます。
❸椎茸は水にもどして石づきをとり、1㎝の角切りにし、もどし汁と砂糖、醤油で下煮しておきます。
❹厚揚げは油ぬきして、1.5㎝の角切りに。
❺かまぼこも1.5㎝角に切ります。
❻鍋にグリーンピース以外の材料とだし、調味料を加えて煮上げ、最後にグリーンピースを加えて仕上げます。

ジーマーミ豆腐

❶生の落花生は、熱湯にしばらくつけてから皮をむきます。
❷❶と半量の水（3カップ）をミキサーにかけ、液を布巾で強く絞ります。
❸芋葛粉は残りの水（3カップ）でといて、漉しておきます。
❹厚手の鍋に❷と❸を入れてまぜ、火にかけます。木じゃくしでこすりながら、鍋底をこするように30～40分よく練り続けます。練り加減は、乳白色にねばりが出て、ぽってりとし、透明感が出るまでが目安です。
❺流し箱にぬれ布巾をしいて❹を流し入れ、常温で冷やし固めます。
❻固まったら流し箱から出し、好みの大きさ

に切って（3～4cm角）盛りつけ、おろし生姜をのせます。器に盛り、合わせておいたかけ汁をまわしかけていただきます。

スヌイの酢のもの

❶もずくは塩ぬきしてよく洗います。水けをよくきって、だしにつけておきます。

❷合わせ酢をつくり、❶のもずくを汁けをきって合わせます。

＊胡瓜のせん切りや、針生姜、レモンの薄切りなどを合わせてもよい。

＊もずくは合わせ酢にしばらくつけた方がおいしい。

■沖縄友の会　講師の方への昼食

＊10食分を4人でつくり、もちよりました。1食約700円でした。

材料

●ジューシー（炊きこみご飯）（10人分）

米	4カップ
だし（かつおだし）	4½カップ
塩	小匙2
酒	大匙2
醤油	大匙1½
豚バラ肉ブロック	150g
人参	50g
干し椎茸	3枚
芽ひじき（乾）	15g
ラード	大匙2
かまぼこ	60g
あさつき	約20g

●イナムドチ（豚肉の味噌汁）（10人分）

豚バラ肉ブロック	200g
豚肉赤身ブロック	150g
かまぼこ	90g
こんにゃく	1/2丁
干し椎茸	5枚
茹で筍	120g
だし（かつおだし）	9カップ
白甘味噌	200～220g

●ラフテー（豚の角煮）（10～20人分）

豚バラ肉ブロック	2kg
だし（かつおだし）	3カップ
泡盛	3カップ
砂糖	1/2カップ
濃口醤油・薄口醤油	合わせて1/2カップ
ゴーヤー（苦瓜）	1本

●クーブイリチー（昆布と豚肉の炒め煮）（10人分）

昆布	70g
酢水	約5カップの水に酢約大匙1½
豚バラ肉ブロック	150g
こんにゃく	80g
かまぼこ	50g
A 砂糖	大匙2
A 醤油	大匙4
A 酒	大匙3
サラダ油	大匙3
だし（かつおだし）	3～4カップ

＊クーブは昆布のこと（刻み昆布でもよい）。

●ヌンクーグワー（大根の煮もの）（10人分）

大根	800g
豚バラ肉ブロック	250g
砂糖	小匙2
醤油	小匙2
干し椎茸	4～5枚
もどし汁	大匙1
砂糖	小匙2
醤油	小匙2
厚揚げ	1枚
人参	100g
かまぼこ	100g
だし（かつおだし）	3カップ
砂糖	小匙2
みりん	小匙2
塩	小匙2
醤油	小匙1
茹でグリーンピース	1カップ

●ジーマーミ豆腐（落花生豆腐）（15×13×3cmの流し缶1個・10人分）

生落花生	2カップ
芋葛粉	1カップ
（さつま芋澱粉のこと。なければ葛粉で）	
水	6カップ
かけ汁	
だし	1/3カップ
醤油	大匙2
みりん	大匙1½
おろし生姜	1片分

＊ジーマーミ（地豆）は落花生のこと。

●スヌイ（もずく）の酢のもの（10人分）

もずく（塩蔵）	450g
だし	約1カップ
合わせ酢	
酢	大匙6
砂糖	大匙3
醤油	大匙3

「おすもじ」と「でこまわし」

このお料理はどれも徳島の特産物を使った家庭料理から選びましたので、地方独特の名前がついています。一品ずつの解説と合わせてごらんください。

●MENU●

おすもじ
あんぺいの白味噌椀
鮎の甘露煮
祖谷のでこまわし
白和え
すだち羹

おすもじ

家庭でよくつくる五目ずしのことです。お祭りやお客様があるときは、すしをつくってもてなします。米を洗って炊いている間にその時期の野菜、こんにゃく、ちくわ、里芋、ごぼう、油揚げなど、何種類かを一緒に煮ます。お米が貴重だった時代には、量を増やすため、地域によっては大根などを加えていました。

❶米は洗って、水、昆布、みりんを入れて炊き、合わせ酢を加えてまぜ、酢めしにします。

❷里芋は5～7㎜厚さのいちょう切りにして下茹でしておきます。ごぼうはささがきにして下茹でしておきます。こんにゃくと人参は2㎝長さのマッチ棒状に切ります。ちくわは2～3㎜厚さの半月切り、油揚げは細切り、高野豆腐はもどして小さく薄切り、椎茸はもどしてせん切りにします。

❸だしと調味料で具を一緒に煮ます。具をざるにあけ、煮汁をきっておきます。

❹さやえんどうは塩茹でして斜め切り、金時豆の甘煮は煮汁をきっておきます。

❺卵は薄焼きにし、錦糸卵にします。

❻用意しておいた酢めしに、❸の具と、金時豆を合わせます。

❼錦糸卵とさやえんどうを上にちらします。紅生姜のせん切りをちらすこともあります。

金時豆の甘煮

金時豆は、塩を入れた水につけてひと晩おきます。そのまま火にかけ、落とし蓋をして、煮豆として食べるときより心もち固めくらいまで煮ます。茹で汁がひたひたのところへ砂糖を加え、約5分煮た後、豆と汁に分けます。汁を鍋に入れ、塩少々を加えて煮つめ、みつをつくります。豆を鍋にもどして、みつをからめます。

あんぺいの白味噌椀

魚のすり身を蒸したものを「あんぺい」といいます。はんぺんに似ています。

❶鍋にだしを沸かし、白味噌をときます。この味噌汁に食べやすく切ったあんぺいをさっとくぐらせ、お椀に盛ります。

❷上に春菊をのせて味噌汁をはります。最後に松葉柚子を飾ります。

鮎の甘露煮

吉野川でとれる鮎をよく食しています。甘露煮は保存食、おべんとうのおかずにも利用されています。

❶鮎を白焼きして、1日天日干しします。

❷鍋に❶の鮎を並べ、番茶をひたひた程度に

材料

●おすもじ(10人分)	
米	5カップ
水	5～5.5カップ
昆布	10cm角1枚
みりん	大匙5
合わせ酢	
酢	120cc(すだち酢60ccを含む)
砂糖	大匙6
塩	大匙1
具	
里芋	6個
ごぼう	1本
こんにゃく	1枚
人参	100g
ちくわ	3本
油揚げ	3枚
高野豆腐	2枚
干し椎茸	5枚
だし	2カップ
砂糖	大匙6
薄口醤油	大匙4
塩	小匙1
さやえんどう	80g
金時豆の甘煮	200g
卵	2個
紅生姜	適宜
●金時豆の甘煮(1単位)	
金時豆	250g
水	5～6カップ
塩	小匙1/4
砂糖	2カップ弱
塩	少々
●あんぺいの白味噌椀(10人分)	
あんぺい	5枚
だし	10カップ
白味噌	250g
春菊	25g
柚子	適宜
●鮎の甘露煮(1単位)	
鮎	20～30尾
番茶	鮎がつかる程度
三温糖	500g
みりん	1カップ
醤油	150cc

入れ、弱火で2時間くらい煮ます。
❸三温糖、みりん、半量の醤油を加え、弱火で2時間くらい煮ます。
❹残りの醤油を加え、照りが出るくらい煮詰めます（鍋底に焦げつかないように、アルミホイルを敷くとよいでしょう）。

祖谷《いや》のでこまわし（味噌田楽）

徳島では、自家製の里芋、じゃが芋、こんにゃく、豆腐などに柚子味噌をつけ、囲炉裏で焼く田楽が、今でもよく食べられています。ちょうど芋を串にさした形が人形浄瑠璃の頭（でこ）を思いおこさせるので、このような名称で呼ばれています。じゃが芋、豆腐、椎茸、鶏肉、しし唐に、当地でふんだんにとれる柚子の味噌をつけて焼いた郷土料理です。
❶柚子の皮は、数回茹でこぼしてからみじん切りにします。鍋に柚子味噌の材料を合わせて火にかけ、練り上げます。最後に柚子の皮のみじん切りを加えます。
❷豆腐はかるく水をきり、1丁を12等分に切り、串にさします（以下❸・❹も）。
❸里芋は皮をむいて面とりをし、下茹でします。
❹鶏もも肉は食べやすい大きさに切ります。
❺椎茸、しし唐も串にさします。
❻220℃のオーブンに入れ、2～3分素焼きしてから柚子味噌をぬり、再びオーブンにもどして5～6分焼きます。仕上げに胡麻を飾ります。
＊岩豆腐は、木綿豆腐より少し固い豆腐です。

白和え

❶ほうれん草、春菊は塩少々（分量外・材料の1%）を入れ、色よく茹で、細かく刻みます。
❷白胡麻をすり鉢に入れ、油がにじむくらいにすりつぶし、とり出しておきます。
❸豆腐は布巾に包み、まな板の上で押し、水けをきってすり鉢に入れ、すりつぶします。
❹白味噌、❷の白胡麻を加えてさらにすりまぜ、砂糖を入れます。
❺ほうれん草と春菊を入れて和えます。

すだち羹

徳島の特産、すだちと炭酸が入った口当たりのよいデザートです。
❶寒天はつかみ洗いして水につけておき、30分たったら布巾に包んで水けをしぼります。
❷分量の水に、寒天をちぎりながら入れて煮とかし、完全にとけたら砂糖を加えて人肌温に冷まします。
❸冷やしておいた炭酸水にワイン、すだちのしぼり汁を加え、寒天液に静かに流しこみます。
❹内側を水でぬらした流し缶に流し入れ、すだちの薄切りを入れて冷やし固めます。

□徳島友の会　郷土料理を中心にした食卓
＊10食を3～4人でつくります。1食480円でした。

●祖谷のでこまわし（10人分）	
岩豆腐	2½丁
里芋	10個
鶏もも肉	350g
生椎茸	20枚
しし唐辛子	2パック
柚子味噌	
味噌	100g
みりん	大匙4
砂糖	60g
柚子のしぼり汁	大匙2
柚子の皮みじん切り	1個分
炒り胡麻	大匙1
●白和え（10人分）	
豆腐	1丁
ほうれん草	2束
春菊	1束
白味噌	50g
白胡麻	大匙4
砂糖	大匙2
●すだち羹（15×14cmの流し缶1個・12個に切る）	
棒寒天	1本（粉寒天なら小匙2）
水	1カップ
砂糖	100g
炭酸水（冷やしておく）	1カップ
白ワイン	小匙2
すだちのしぼり汁	大匙2～3
すだち薄切り	3枚（4等分にする）

鯵の押しずしと「おこぶた」

人が集まるとき、必ず食卓にのる押しずしと「おこぶた」は金沢の味。

●MENU●

押しずし
おこぶた
酢蓮根　紅白かまぼこ
卵巻き　えびす　果物
小松菜と切り干し大根のおひたし
蓮根の味噌汁
天地焼き

鰺の押しずしと「おこぶた」

押しずしとおこぶた

押しずし

❶鰺は三枚におろし、真っ白になるくらいに塩をまぶします。ざるに身を下にして並べ、3時間ほどおきます。

❷❶を酢洗い（分量外）して塩を落とし、皮をとります。全部で48切れになるようにそぎ切りにし、バットに重ならないように並べ、2～3時間つけ汁につけます。

❸米をとぎ、水加減して炊きます。

❹合わせ酢を炊き上がったご飯にまぜ、酢めしをつくります。

❺生姜はせん切りにし、沸騰した湯に30秒つけてざるにとり、熱いうちにしっかりしぼって魚のつけ汁につけます。このつけ汁を大匙2～3杯酢めしにまぜます。

❻経木を酢水で拭いて箱ずしの型にしき、1段目に水けをきった酢づけの魚を3×4に12切れ並べ、酢めしを4等分して1段分詰め、生姜をしぼってちらします。その上に経木をしき、魚、ご飯、生姜と同じように重ね、全部で4段にします。最後に経木をのせ、重石をしてひと晩おきます。

❼12等分に切り、盛りつけます。天地どちらを上にしてもかまいません。

おこぶた

藩主前田家の時代に、衣装箱の蓋の内側が美しく、衣服などを賜う時にこれにのせたところから、擬して料理ものせるようになったとか。やがて、硯箱の蓋に変わり、口取り肴などを盛って、祝儀の席で用いたといわれます。

「小さな蓋」というところから、「おこぶた」といい、色と味の違うもの（うち1つは果物）を一皿に5～7種盛りつけます。

酢蓮根

蓮根は皮をむき、薄い輪切りにして酢水（分量外）につけ、あくをぬきます。鍋に調味料と水を入れ、蓮根を入れ、火にかけて炒り煮にし、冷めたら盛りつけます。

紅白かまぼこ

かまぼこは10等分に切り、紅白1切れずつ盛ります。

卵巻き

卵をときほぐし、調味料を加えてまぜ、卵焼き器に薄く流して巻いていきます。1人2切れ見当に切って、供します。

えびす

えびすは卵の入った寒天寄せです。寒天を洗い、たっぷりの水につけておきます。鍋に分量の水を入れ、しぼって細かくちぎった寒天を入れて火にかけとかします。完全にとけたら砂糖、醤油を入れ、最後にとき卵を流し、バットに流しこみます。しぜんに寒天液と卵に分かれて固まります。1人2切れ見当に分けて盛ります。

季節の果物

果物は洗い、適宜に分けて供します。

小松菜と切り干し大根のおひたし

❶小松菜は茹でて、3cmくらいに切ります。

❷切り干し大根はさっと洗い、熱湯の中につけて柔らかくなるまでラップで蓋をしておき、食べやすい長さに切ります。

❸❶、❷を割りしたにつけ、味は切り干し大根のつけ汁で調節します。

蓮根の味噌汁

❶蓮根は皮をむき、あくぬきをしてすりおろします。

❷かるくしぼり（汁はとりおく）、片栗粉をまぜます。

❸鍋にだしを入れて火にかけ、❷の蓮根を丸めて入れます。

❹蓮根のしぼり汁と味噌を入れ、仕上げます。

天地焼き

❶椎茸は水でもどして粗みじんに切り、ひたひたのもどし汁と調味料で煮て、冷まします。

❷生姜はみじん切りにします。

❸ボウルの中に肉、椎茸、生姜、Aの調味料を入れ、木しゃもじでかるくまぜます。卵を加え、手で重くなるほどによくよくまぜます。

❹容器に薄く油（分量外）をひき、種を入れて平らにし、180℃のオーブンで20〜25分焼きます。

❺1人2切れ見当に切り分けます。

■金沢友の会　郷土料理によるおもてなし

＊8〜10人分を5〜6人でつくりました。

1食625円でした。

材料

●押しずし（1箱・23×17×10cm・12人分）	
米	7カップ
水	米のかさの1割増し
合わせ酢	
┌酢	140cc
│塩	大匙1強
└砂糖	大匙1½
鰺（1尾150g）	5〜7尾
塩	おろした魚の重さの70%
＊短時間で生臭みをとるため塩の量は多め	
鰺のつけ汁	
┌酢	ひたひた
│砂糖	小匙2
└塩	小匙1
生姜	200g
経木または白板昆布	5枚
●おこぶた（10人分）	
酢蓮根	
蓮根	正味200g
酢	大匙2
砂糖	大匙2
塩	小匙1/2
水	1/2カップ
紅白かまぼこ	
紅	1本
白	1本
卵巻き	
卵	8個
砂糖	大匙4〜6
酒	大匙6
塩	小匙2/3
えびす	
棒寒天	2本
水	4カップ
砂糖	1カップ
醤油	大匙5
卵	2個
季節の果物	
ぶどう・みかん・いちごなど	
●小松菜と切り干し大根のおひたし（10人分）	
小松菜	200g
切り干し大根	50g
割りした	
醤油	1/2カップ
酒	1/2カップ
切り干し大根のつけ汁	大匙5〜6
●蓮根の味噌汁（10人分）	
蓮根	400g
片栗粉	大匙4
味噌	120g
だし	10〜11カップ
●天地焼き（14×12cmの容器1枚・10人分）	
豚挽肉（赤身）	300g
干し椎茸	20g
┌砂糖	大匙1/2
└醤油	大匙1
生姜	20g
A┌醤油	大匙1½
│塩	小匙1/3
└砂糖	小匙1
卵	2個

ごちそううどんすき

遠来のお客さまを関西名物のうどんすきでもてなします。

具には京都の湯葉や生麩をたっぷり加え、だしは穴子の頭を使った秘伝の味。柚子酢のつけ汁でいただきます。

●MENU●

うどんすき

つけ合わせ

京漬けもの

麩まんじゅう

みかん

うどんすき

❶白菜を茹で、ほうれん草も根元をつけたまま茹でます。

❷白菜の軸のところをすりこぎでかるく叩き、3～4枚を交互に並べ、ほうれん草2～3本を芯にして巻き、水けをしぼります。1本を8～10切れに切ります（1人5個）。

❸人参は皮をむき、梅形にぬきます。2～3㎜厚さに切って、茹でます。

❹鶏肉は1人分70gを3切れに切ります。

❺さやえんどうのすじをとり（花おちは残す）、塩（分量外）をまぶして熱湯を通し、水にとって手早く色よく仕上げます。

❻生椎茸は石づきをとり、洗って水けをきり、飾り包丁を入れます。

❼えびは酒と片栗粉各大匙2（分量外）をつけてもみ、洗います。背わたをとり、尾を残して殻をむき、尾の先を斜めに切り揃えます。

❽ひろうすは熱湯をくぐらせ、油ぬきしておきます。

❾花麩とよもぎ麩は1本を16に、粟麩は1本を20に切ります。10等分します。生湯葉は2枚を重ねてクルクルと巻き、10等分します。

❿穴子は頭、尾をとり、1尾を6切れにそぎ切りします（1人3切れ）。頭はだしへ。

⓫春菊は洗って葉だけをとり、茹でうどんと共にざるに盛っておきます（写真は京菊菜）。

⓬昆布とかつおの削り節、鯖節でとっただしに穴子の頭も加えて煮立て、調味します。

⓭土鍋に割りしたを煮立て、穴子、鶏肉、えびなど、だしが出るものから順に入れます。そのほかの具も適宜かわるがわる入れ、煮えたところから、柚子酢のつけ汁をつけて食べていきます。最後にうどんを入れ、そのあとあくのある春菊にさっと火を通していただきます。

＊入りきらない具は別の器に盛って、テーブルに出します。割りしたも途中で足す分を器に用意しておきます。

■京都友の会　自由学園女子部卒業旅行夕食会

＊30年間続いています。

＊80食を15人が代わりあって準備します。

1人分約800円です。

材料

●うどんすき（10人分）	
鶏もも肉	700g
焼き穴子	300g
えび	200g（20尾）
白菜	800g
ほうれん草	300g
人参	200g（1人2枚）
生椎茸	中20枚
さやえんどう	20枚
金柑ひろうす（小がんも）	20個
生湯葉	2枚（1人巻いて2個）
粟麩	1本（1人2切れ）
よもぎ麩	1本（1人1切れ）
花麩	1本（1人1切れ）
春菊の葉（京都では京菊菜を使用）	300g
茹でうどん（すき鍋用太いもの）	10玉
割りした	
だし（昆布・かつお節・鯖節）	16カップ（3.2ℓ）
みりん	大匙6
酒	3/4カップ
薄口醤油	1カップ弱
塩	小匙1⅓
＊穴子の頭と尾をだしに入れます。	
つけ汁	
柚子酢	200cc
薄口醤油	120cc
みりん	80cc
＊柚子酢＝柚子の皮のすりおろし、柚子のしぼり汁を入れた香り高い酢。	
だし（4ℓとるとして）	
水	4.5ℓ
昆布	50g
かつお節	30g
鯖節	25g

有《ゆう》職《そく》ずし

五目ずしを薄焼き卵で包み、昆布紐で結んだ優雅で品格のある一品。「有職」とは、宮廷の儀式料理を表します。

どなたにも「おいしい」といっていただいているこのお味に到達するまでに、会員で研究し、何度も試作を重ねました。

酢めし

❶酢めしの合わせ酢をつくります。
❷米をとぎ、分量の水、酒、昆布と共に炊き上げます。ご飯を飯台にあけ、合わせ酢をかけ、手早く切るようにまぜて冷まします。
❸かんぴょうはぬらして塩でもみ、水で流して20㎝長さに切ります。たっぷりの湯で6～7分茹でてざるにとり、茹で汁はとっておきます。5㎜角に切り、茹で汁をひたひたに入れ、沸騰したら砂糖を入れ、少し煮てから醤油を入れて煮つめます。
❹椎茸はひと晩水でもどし、石づきをとって厚みのあるところはそぎ、5㎜角に切ります。ひたひたのもどし汁と水で煮て、あくをとり、砂糖、醤油を入れて汁けがなくなるまで煮含めます。
❺蓮根は皮をむいて花形に切り、3㎜厚さに切って（切れ端は小さく刻む）酢水につけます。酢（分量外）を入れた熱湯にくぐらせ、すぐ甘酢につけます。
❻胡麻は、厚手の鍋で焦がさないように炒って香ばしい香りを出し、布巾の上で切ります。海苔は5㎜角くらいにちぎります。
❼酢めしにかんぴょう、椎茸、刻み蓮根をまぜ、最後に胡麻、海苔を合わせます。

上に飾る具

でんぶ

❶ほっけの頭と腸をとって洗い、5㎝くらいの筒切りにして約30分茹でます。充分火が通ったら茹で汁を捨てます。水をとりかえて二度洗いし、脂肪分を流して、竹串で骨と皮と血合いをとります。身を二度くらいぬるま湯で洗い、さらし袋に入れてあまりきつくない程度にしぼります。
❷重さを計り、その$\frac{1}{3}$量の砂糖と分量の酒を厚手鍋に入れ、木べらでかきまぜながら炒ります。酒少々（大匙2からとる）でといた食紅を色をみながら加えます。残りの砂糖を2～3回に分けて入れ、塩は最後に加えます。

えび

❶水でさっと洗って背わたをとり、頭をつけたまま浅鍋に形をととのえて並べます。
❷酒をふり、火にかけて酒蒸しにし、熱いうちに頭と殻をとります。

穴子

❶たれを用意します。調味料を合わせて火にかけ、半量になるまで煮つめます。

材料（10人分）

酢めし	
米	3½カップ（600ｇ）
水	米のかさと同量
酒	大匙1⅔（25cc）
昆布	10cm角
合わせ酢	
酢	大匙5（75cc）
砂糖	大匙1⅓強（12.5ｇ）
塩	小匙2⅕（11ｇ）
かんぴょう	20ｇ
塩	小匙2/5（2ｇ）
砂糖	大匙1½強（14ｇ）
醤油	大匙2/3（12cc）
干し椎茸	20ｇ
砂糖	大匙2⅓（20ｇ）
醤油	大匙1弱（17cc）
蓮根	正味100ｇ
酢・砂糖	各1/4カップ
炒り胡麻（白）	10ｇ
焼き海苔	2枚
でんぶ（でき上がり約300ｇ）	
ほっけ	700ｇ（1尾）
砂糖	ほっけをさらした重さの1/3
酒	大匙2
食紅	少々
塩	砂糖の重さの3％
刺身用えび（有頭）	10尾
酒	大匙1
穴子 250～300ｇ（中くらいのもの1尾）	
下煮用	
だし	1カップ
酒	大匙1
グラニュー糖	大匙4
醤油	大匙4
たれ	
醤油	50cc
みりん	80cc
白ざらめ	小匙2
筆生姜（谷中生姜）	10本
酢・砂糖	各大匙6
木の芽	10枚
昆布（結びひも用）	3mm×40cmを10本
薄焼き卵	
卵	750ｇ（中玉12～13個）
白身魚のすり身	150ｇ
砂糖	60ｇ
だし	250cc
水	300cc
昆布	3ｇ
削り節	6ｇ
塩	小匙1/2～2/3
酒（煮きって）	大匙2
サラダ油	適宜

❷穴子をおろします。頭と骨は洗って素焼きにし、水1½カップ（分量外）で下煮用のだしをとります。浅鍋にだし、酒、醤油、グラニュー糖を入れて、皮を下にしてひと並べにし、落とし蓋をして身が丸まらないように蓋を手で押さえて、中火で煮ます（薄茶色になるくらい）。バットに並べ冷まします。

❸下煮した穴子にたれをつけて焼きます。皮1回、身3回、照りをつけながら焼き、1切れ8～10ｇに切ります。使う前にもう一度照りをつけます。

薄焼き卵

卵は750ｇより少なくならないようにします。味はだしのよしあしで決まるので、上等のだしをとります。酒は煮きって使います。

❶卵はほぐさずに、万能漉し器で漉します。

❷白身魚のすり身をよくすり、砂糖を少量ずつ入れていきます。

❸だしを加えます。最初は糸をたらすように、すり身とよくなじんできたら、少しずつ多くしていきます（ここまでの作業は薄焼き卵の出来を左右するので慎重に）。

❹❶の卵を入れ、すり鉢の中でさっとまぜる程度に合わせたら、裏漉し器を通します。

❺鍋は予め弱火にかけて油を少量入れ、ガーゼで万遍なくなじませます。

❻直径22cmの鍋に（無水鍋の蓋を使用しています）卵液を100cc強流し入れ、全体にいきわたらせて、両面を焼きます。

＊鍋がなれるまではロスが出ますので、卵、すり身、だしは余分に用意しておきます。

昆布ひも

水でもどして切りやすくします。昆布の質によって幅を変えますが、大体3mm×40cmくらいにします。酢水（酢1対水3）に2時間ほどつけ、乾いた布巾で包んでおきます。

筆生姜

生姜は形をととのえます。ごろごろしたところを少し削り、先の方を細くします。さっと湯を通し、酢と砂糖を合わせたところに4時間ほどつけます。

仕上げ

台の上に昆布ひもをおき、薄焼き卵を広げておきます。具の入ったすし飯を丸くのせ、その上にでんぶ、穴子、花蓮根、えび、木の芽をおいて卵で包み、昆布ひもで結びます。杉板にのせ、筆生姜と楓の葉を添えます。

■函館友の会「つつじの会」のもてなし

＊1965年以来毎年、6月初旬に「つつじの会」を催しています。函館友の会の家と地続きの平塚千鶴子さん宅の庭の、満開のつつじを観賞し、散策しながら、有職ずし、みつ豆など手づくりのもてなし料理を召し上がっていただきます。当日は野立ての茶席も用意され、250～300人のお客様で賑わいます。

＊有職ずしは220食を前日13人、当日17人でつくります。お持ち帰り用の「鶏ご飯のおべんとう」や「みつ豆」と合わせると、当日は約1000食用意することになります。毎年一度のこの日は、函館友の会会員総出で当たります。

岡山ずし

江戸初期から岡山に伝わるこのおすしは、質素倹約をしいられていた庶民の間で生まれたもの。当時は、表面は野菜と卵だけ、重箱を返すと華やかな具が表れるしかけでした。

酢めし

❶なるべくよい米を選びます。洗ってざるに上げ、30分水きりし、分量の水、昆布とともに2時間ほどつけます。火をつけるときに昆布を引き上げ、酒を加えて炊きます。

❷合わせ酢をつくります。

❸ご飯が炊き上がったら蒸らし（10分以内）、すし桶に移して合わせ酢と魚をつけた酢をまわしかけ、手早くまぜてから、冷まします。

具

❶鰆は1人1～2切れ見当にそぎ切りし、ざるに並べ、2％の塩をして30分くらいおきます。魚を酢洗いし、ひたひたの酢と砂糖を合わせたところに10分つけます。魚をひき上げ、残った酢から大匙3を酢めしの合わせ酢用にとりおきます。

❷えびは背わたをとり、ひげをきれいに切り揃え、腹に縦長に切り口を入れます。ひたひたの水に調味して煮立て、えびを入れます。火を止めてそのまま冷まします。

❸焼き穴子は、たれを煮つめたところへ皮を下にして入れ、二～三度上下を返して照りをつけます。

❹いかはかのこに切り目を入れ、調味料につけて下味をつけ、沸騰湯でさっと茹でて、1×3.5cmくらいの短冊に切ります。

❺卵は泡立てないようにまぜ、調味して裏漉し、薄く焼いて錦糸卵にします。

❻椎茸は水でもどし、石づきをとります。鍋に椎茸とひたひたの水を入れ、中火で2～3分煮ます。砂糖、みりんを加え、最後に醤油を加え、煮汁がなくなるまで煮ます。

❼さやえんどうは塩湯で色よく茹でます。

❽蓮根は皮をむき、長いものは半分に切り、外まわりに切りこみを入れて花形にし、薄く切ります。酢水でさっと茹でて汁を捨て、よく洗ってぬめりをとります。だしと調味料で煮て、そのまま冷まします。

❾かんぴょうは塩（分量外）でもみ洗いし、2～3分茹でます。だしと調味料で柔らかく煮、ざるに上げて水けをきり、1.5cm長さに切ります。

❿ごぼうは小さめのささがきにして、酢水にさらします。だしと調味料で、煮汁がなくなるまで柔らかく煮ます。

⓫人参は長さ1.5cm、幅3～4mmの薄い短冊切りにし、だしと調味料で煮汁がなくなるまで柔らかく煮ます。

⓬高野豆腐はぬるま湯でもどして両手ではさみ、吸っている水がにごらなくなるまで何回か洗います。だしと調味料を煮立てた中に入れて煮、火を止めてそのまま煮含めます。冷めてから小さく切り、ざるに上げます。

仕上げ

酢めしと中にまぜる具を合わせ、上にのせる具を彩りよく盛りつけます。

＊甘酢生姜　生姜80gの皮をむき、丸のまま熱湯を通し、薄切りにして塩小匙1杯でしっかりもみます。15分おいてしぼり、甘酢（米酢大匙3・砂糖大匙2）につけます。

＊写真はお重に合わせて盛りつけたもので、材料表の分量すべてではありません。

■岡山友の会

＊県外から人が集まるときや、セールの日などに多いときは100食ほどつくります。

＊具は前日のうちに各家庭でつくってもちよります。

材料（8～10人分）

酢めし	
米	5カップ
水	米のかさの1割増し ＊新米のときは同かさ
酒	大匙3
昆布	10cm角
合わせ酢	
酢	1/2カップ（米の1割）
砂糖	1/2カップ（酢と同かさ）
塩	大匙1強（酢の15％）
酢魚（鰆）の酢	大匙3
＊味を濃くするときも、酢と塩の割合はいつも同じです。	
＊酢めしの甘さは砂糖で加減します。	
上にのせる具	
鰆	150g
塩	小匙3/5
酢	ひたひた（約75cc）
砂糖	大匙1½
有頭えび8～10尾（100～150g）	
薄口醤油	小匙1/2
酒	大匙1
塩	小匙1
みりん	大匙1
水	ひたひた（約75cc）
焼き穴子	200g
醤油	大匙2
酒	大匙1
砂糖	大匙1½
みりん	大匙1
卵	6個
砂糖	小匙1
塩	小匙1/4
みりん	小匙2
いか	100～150g
塩	小匙1/2
酒	大匙2
干し椎茸	20g
醤油	大匙1
砂糖	大匙1
みりん	大匙1
水	ひたひた
さやえんどう	50g
水	1カップ
塩	小匙1
蓮根	100g
酢	1/4カップ
砂糖	大匙1½
塩	小匙1/3
だし	1/2カップ
木の芽	適宜
中にまぜる具	
かんぴょう	20g
薄口醤油	大匙1/2
砂糖	大匙2～3
塩	小匙2/3
だし	2/3カップ
ごぼう	80g
砂糖	小匙2
塩	小匙1/2
だし	1/2カップ
人参	70g
砂糖	小匙2
塩	小匙1/2
だし	1/2カップ
高野豆腐	2枚
だし	1カップ
薄口醤油	小匙1/2
砂糖	大匙2
塩	小匙1/2

夏ずし

夏向きのさっぱりとしたお味です。ふだん家にある材料で手軽にできます。

❶人参はせん切りにしてさっと湯通しします。胡瓜もせん切りにします。
❷椎茸は甘辛煮（63頁参照）にし、細切りにします。
❸卵はといて、薄く焼き、錦糸卵にします。
❹炊き上がったご飯に合わせ酢をかけてまぜ、ちりめんじゃこ、胡麻、人参、椎茸を酢めしにまぜて盛りつけます。
❺胡瓜と錦糸卵をのせ、青じそのせん切りと紅生姜をのせます。

■松山友の会

材料（6～8人分）	
酢めし	
米	3カップ
水	米のかさの1割増し
酒	大匙2
昆布	10cm角×2
合わせ酢	
酢	60cc
砂糖	大匙4
塩	小匙1
人参	中1本
胡瓜	1本
椎茸の甘辛煮	中7枚
卵	3個
砂糖	大匙1
塩	小匙1/2
ちりめんじゃこ	50g
白胡麻	大匙3
青じそ	5～6枚
紅生姜	適宜

焼き魚入りちらしずし

日本海でとれる鯵、鯛、鯖などを焼き、身をほぐしてまぜた、ひと味おいしいすしご飯の上に、好みの具をちらします。昔からこの地方に伝わるおすしです。

酢めし

❶米は30分前にとぎ、ざるに上げておきます。
❷合わせ酢をつくっておきます。
❸米は分量の水、酒、昆布を入れて炊きます。
❹炊き上がったら湿らせた飯台に移し、合わせ酢をそそぎ、切るようにまぜます。
❺鯵は頭と腹わたをとり、よく洗って1％の塩（分量外）をふり、2時間くらいおきます。しっかりと焼いて身をほぐし、酒、酢をふりかけておきます。
❻みじん切りにした生姜を鯵の身の中に加えます。
❼干し椎茸の甘煮（後述）2枚分をみじん切りにします。
❽酢めしに具を加えてよくまぜます。

上にのせるもの

❶干し椎茸は水でもどして石づきをとり、ひたひたのもどし汁と調味料で煮て、3枚はそぎ切りに、2枚はみじん切り（酢めし用）にします。
❷卵は砂糖と塩を入れ、よくまぜて漉し、薄焼きにしてから、短冊切りにします。
❸人参は花形にぬいて2㎜の厚さに切り、塩茹で（分量外）にします。
❹蓮根は皮をむきながら花形にし、薄切りにして酢水（分量外）に放します。茹でてから甘酢につけます。
❺さやえんどうは塩茹で（分量外）にします。
❻酢めしを器に盛って、具を美しく飾ります。季節によっては木の芽、または柚子の皮のせん切りをちらしてもよいでしょう。

■松江友の会

材料（6～8人分）	
酢めし	
米	4カップ
水	4⅓カップ
昆布	10cm角1枚
酒	大匙3
合わせ酢	
酢	1/2カップ強
砂糖	大匙3
塩	小匙1½
鯵	650g（中3尾）
（焼いて身をほぐしたもの正味200g）	
酒	大匙1
酢	大匙1
生姜	1片
干し椎茸の甘煮	2枚
上にのせるもの	
干し椎茸（中）	5枚
砂糖	大匙2
醤油	大匙2
みりん	大匙1
卵	2個
砂糖	小匙2
塩	ふたつまみ
人参	60g
蓮根	60g
酢	大匙1
砂糖	大匙1
塩	小匙1/4
だし	大匙3～4
さやえんどう	30g
柚子皮または木の芽	

穴子のちらしずし

神戸といえば穴子のおすしです。

❶米は洗ってざるに上げ、約20分おいて、水、酒を入れて炊き上げます。

❷合わせ酢をつくり、ご飯の熱いうちにまぜます。

❸穴子は、新しい場合はそのまま、時間がたっているときは弱火でもう一度火を通します。3～4㎝長さに斜めに切ります。

❹干し椎茸は水でもどしてから石づきをとります。かるくしぼって水分をとり、ひたひたの水、または椎茸が厚い場合はたっぷりめの水でゆっくりと煮ます。でき上がる前にみりんを入れて煮きり、細く切ります。

❺卵をほぐして調味料を入れ、漉します。卵焼き器に薄く油をひき、弱火で焼き始め、途中で2つ折りか3つ折りにして、厚さ4～5㎜に焼き上げます。幅8㎜、長さ2.5㎝くらいの短冊切りにします。

❻三つ葉はさっと茹で、2.5㎝長さに切ります。

❼すし飯に椎茸と山椒の実をまぜこみ、器に盛って、海苔、卵、穴子、三つ葉を飾り、紅生姜を添えます。

＊山椒の実は、実のなったときに塩茹でして冷凍しておきます。

■神戸友の会　明日の友グループ

＊年2回の友愛セールに出品。200人分を8～9人でつくります。

材料(6～7人分)

酢めし	
米	4カップ
水(だし昆布のつけ汁)	4カップ
酒	大匙3
合わせ酢	
米酢	大匙6～8
砂糖	大匙6～8
塩	小匙2～大匙1
中身	
焼き穴子	約200g
干し椎茸	30～40g
┌もどした椎茸100gに対して	
│砂糖	大匙1½
│醬油	大匙1
└みりん	大匙2
卵	3個
┌みりん	大匙2
│砂糖	小匙2
└塩	小匙1/3～1/2
山椒の実(塩茹で)	約大匙1
三つ葉(しその葉、木の芽でも)	1把
海苔(細切り)	適宜
紅生姜	適宜

鮭の炊きこみずし

鮭を使って、押しずし、ちらしずしと、いろいろつくりますが、ご飯を炊くときに合わせ酢を入れるこの炊きこみずしも、かんたんでおいしいものです。

❶米はといで、昆布と水に30分ほどつけておきます。

❷鮭に酒少々をふりかけておきます。

❸卵は割りほぐし、調味料を加えて薄焼きにし、錦糸卵をつくります。

❹米に合わせ酢を加えて炊き始め、沸騰したら昆布をとり出し、鮭をのせて炊き上げます。

❺鮭をとり出し、皮と骨を除き、ほぐします。

❻炊き上がったご飯に、胡麻とほぐした鮭の半量をまぜ合わせて、器に盛りつけ、海苔、残りの鮭、しその葉、錦糸卵をのせ、いくら、好みで木の芽を飾ります。

■釧路友の会

＊秋にたくさんとれる鮭やさんまのおすしは、料理講習をし、友の家の落成式にも皆でつくりました。家庭の食卓にもよく登場します。

材料(6～8人分)

米	3カップ
水	3カップ
昆布	10㎝角1枚
合わせ酢	
┌酢	大匙6
│酒	大匙1½
│砂糖	大匙1½
└塩	大匙1/2
┌甘塩鮭	2切れ
└酒	少々(小匙2)
┌卵	3個
│砂糖	大匙1
└塩	少々(小匙1/5)
白胡麻(炒り)	大匙3
青じその葉(細切り)	10枚分
いくら	70g
海苔	3枚

高齢者へのおべんとう

「〝ありがとう〟〝おいしゅうございました〟と
お礼や感想の一言が添えられたおべんとう箱が返ってくると、
毎月心待ちにして下さる皆さんの気持ちが伝わってきて、
つくり手としても嬉しく、励みになります」……
家庭の「食」を大切にしたいという友の会の〝生活勉強〟で得たものを、
外に向かって働きかける〝運動〟としたい、
地域の人たちと交流しながらその働きを役に立てていただければと、
各地で試みられている「高齢者のための食事づくり」。
月1回のその日は、手書きの献立カードつきのおべんとうが、
友の会の台所から送り出されていきます。6か所の実例から。

高齢者のための食事づくり

旬、彩り、味の組み合わせ、舌ざわり、食べやすさに配慮しながら献立を立てます。

季節や行事に合わせて、主菜、副菜を決め、おたのしみの〝甘味〟のものも必ず入るようにしているので、皆さんとても喜んで下さいます。携わっているものにとって、食のことだけではなく、老人福祉、介護のことまでも目を向けることができ、よい勉強の場を与えていただいていることに感謝しながら、この働きに参加しています。

（札幌友の会）

気をつけていること10か条

広島友の会・安佐方面

下の表のように1日1500キロカロリーの目安量に添って、献立を考えます。

❶平常あまり口にされないような、変わった料理はしません。

❷やわらかいものと、少し歯ごたえのあるものをとりまぜます。

❸一口、二口で食べられる大きさと量にします。

❹食欲が出るように彩りを美しくします。

❺食べきれる量を詰めます。一日の必要量の1/3強くらいと考えています（表参照）。

❻清汁のだしは昆布と削りがつおでとり、本当の味を味わっていただきます。

❼塩分控えめの味つけにします。

❽固いもの、脂っこいものは避けます。

❾胡麻、たらこのようにプツプツしたものも避けます。

❿煮豆はよく食べて下さるので、必ず入れています。

■1日に食べたい食品の組み合わせと大豆ご飯のおべんとう（141頁のもの）

（広島友の会）

	乳製品・牛乳	肉・魚	卵	豆・豆製品	野菜（青菜）	海藻	芋	果物	油脂	砂糖	穀類	食品数
目安量	210g	110g	50g	80g	350g（60g）	2g	50g	100g	10g	20g	210g	30
弁当		60g	15g	32g	120g（17g）	3g	20g	5g	4g	6g	64g	27

■1日に摂りたい栄養と大豆ご飯のおべんとう

	エネルギー	たん白質	脂質対エネルギー比	カルシウム	鉄	ビタミンA効力	ビタミンB_1	ビタミンB_2	ビタミンC
目安量	1500kcal	55g	20〜25%	600mg	12mg	2000IU	0.8mg	1.0mg	100mg
弁当	570kcal	29g	23%	130mg	4mg	1556IU	0.52mg	0.43mg	56mg

■札幌友の会・元町方面

献立

（7・8・9月はお休み）

4月
さくらご飯
うまき卵　菜の花添え
切り干し大根の煮もの
人参とひじきの白和え
青菜の海苔和え
きんかんの甘露煮

4月
ゆかりご飯
豚肉の野菜巻き揚げ　せん切りキャベツ添え
ひじきとすき昆布の煮もの
長芋とオクラの酢のもの
青菜とひたし豆
りんごのコンポート

5月
山菜ちらし
鱒のフライ　ししとう添え
煮もの（長芋、人参、高野豆腐等）
小松菜の辛子和え
パインきんとん
煮昆布

6月
赤飯
鮭の焼きづけ　アスパラガス添え
煮もの（蕗、小がんも、人参等）
青菜の辛子和え
キャベツの新漬け
プルーンの紅茶煮

10月
きのこご飯（しめじ、えのき茸、まい茸等）
和風カツ　フライドポテト添え
煮もの（大根、人参、里芋等）
ほうれん草の土佐和え
とら豆の甘煮
昆布の佃煮風

10月
栗ご飯
さんまの南蛮漬け　ブロッコリー添え
ひじきの炒め煮
春菊と黄菊のおひたし
一夜漬け（白菜、胡瓜等）
白花豆の甘煮

11月
ゆかりご飯
鮭のコチジャン焼き　ししとう添え
茄子の白和え
大根のべっこう煮
ぷるぷるこんにゃく
小松菜の海苔和え
胡麻昆布

12月
ご飯
ラフテー（豚バラ、大根、厚揚げ等）
小松菜とターツァイの辛子和え
野菜の甘酢和え
漬けもの（白菜、人参、胡瓜）
梨のコンポート

12月
ご飯
鯖の味噌煮　ブロッコリー添え
南瓜と小豆のいとこ煮
山くらげと油揚げの炒め煮
春菊の胡麻和え
梅昆布

1月
鮭ずし
肉入りぎせい豆腐
南瓜のバター煮
もやしと小松菜のおひたし
りんごのワイン煮
梅味昆布

2月
ご飯
とり手羽ワイン醤油煮
大根の柚子味噌かけ
サラダ（キャベツ、蕪、人参等）
春菊の胡麻よごし
青大豆のめんつゆ漬け

3月
ちらしずし
信田袋　きぬさや添え
菜の花の辛子和え
大根、胡瓜、人参の焼酎漬け
胡麻昆布
桜餅

季節の味を大切に

藤沢友の会

高齢の方、病気、障害のある方、教会のお仲間へ、夕食のおべんとうをお宅までお届けしています。

お味、品数、和菓子がたいへん喜ばれ、皆さんその日は心待ちにして下さいます。

12か月分の献立（表参照）があり、大体それを守りますが、予定の魚が高値のとき、野菜が入手しにくいときのために、何に代えるかは、常に心づもりしています。

ご飯　まぜご飯、おすし、炊きこみご飯。季節感を大切に、毎月変わります。

魚料理　旬の魚で衣揚げ、味噌煮、幽庵焼き、立田揚げ、かば焼き風など。

副菜　ぎせい豆腐、筑前煮、筍の土佐煮、蕗の青煮、印籠煮、ぬたなど。

和菓子　季節の和菓子を全て手づくりで。

■藤沢友の会　献立

4月
- 人参ご飯
- 筍の土佐煮
- 梅肉和え
- 甘露焼き卵
- ぶりの照り焼き
- あさりとわけぎのぬた
- 桜（和菓子）

5月
- グリーンピースご飯
- 生鮭の新挽き揚げ
- 煮もの（蕗・高野豆腐・南瓜）
- 大根の甘酢漬け
- 柏餅

6月
- 山菜ご飯
- わらさの塩焼き
- 鶏のつくね煮
- 揚げだるま
- 小松菜の辛子和え
- 紅梅漬け
- つゆ（和菓子）

7月
- 五目ずし
- 新生姜甘酢漬け
- 小松菜の胡麻和え
- ぶどう豆
- 錦玉羹

8月
- 休み

9月
- 萩おこわ
- 炊きあわせ（高野豆腐・人参・オクラ等）
- 生鮭の幽庵焼き
- 酢のもの
- とりまんじゅう
- おきな饅頭

10月
- 栗ご飯
- 炊き合わせ（里芋・人参・がんもどき）
- さんまの照り焼き
- 青菜の和えもの
- すき昆布の煮もの
- さつまきんとん

11月
- きのこご飯
- 鯖の味噌煮
- 煮もの（延命袋）
- 小松菜の辛子和え
- 菊花蕪
- さつま芋のレモン煮
- 初霜（和菓子）

12月
- 里芋ご飯
- 生鮭の粕漬け
- うずら卵の竜眼揚げ
- 大根の酢漬け
- 南瓜の含め煮
- 白和え
- そば焼き餅

1月
- 押しずし
- 太巻きずし
- いなりずし
- 新生姜の甘酢漬け
- 青菜の胡麻和え
- 煮豆
- 小麦まんじゅう

2月
- 大豆ご飯
- 魚の衣揚げ
- とりの円月蒸し
- 煮もの（長芋・人参等）
- 菊花蕪
- 菜の花の含み漬け
- うぐいす餅

3月
- 桜えびご飯
- 鰆の味噌漬け
- 筑前炊き
- 大徳寺なます
- 紅梅漬け
- 桜餅

限られた時間と費用の中で

小山友の会

献立を立てるときに、一人暮らしのご老人ということを念頭において、季節感があり、自分一人ではなかなかつくって食べられないものをと考えます。費用は一食400円以内、調理にかけられる時間は、朝9時半から、配膳は11時半と決まっていますので、その範囲内でできるよう、献立（ごく普通の一汁三菜にお食後つき）も人手も調整しています。

■小山友の会　献立

4月
- 菜の花ご飯
- 清汁（豆腐・三つ葉）
- 春の煮もの（鶏つくね・人参・蕗・生椎茸）
- 酢のもの（うど・胡瓜・わかめ）
- 白いんげんの甘煮
- フルーツ白玉（苺・キウイ・みかん）

5月
- ご飯
- 味噌汁（豆腐・長葱）
- 鰯のフライ
- 筍の木の芽和え（筍・わかめ・木の芽）
- 新じゃがの煮もの（新じゃが・ツナ）
- おひたし
- 人参ゼリー

6月
- いなり太巻き
- 味噌汁（麩・長葱）
- 茶碗蒸し（鶏肉・えび・椎茸・三つ葉）
- おひたし（青菜・白す干し）
- 野菜の煮しめ（ごぼう・人参・こんにゃく・大根）
- 漬けもの
- 水饅頭

7月
- ご飯
- 味噌汁（わかめ・じゃが芋）
- 茄子の挽肉はさみ揚げ、甘酢あん
- 高野豆腐と野菜の含め煮
- 春雨サラダ
- 漬けもの（胡瓜）
- 水羊羹

8月
- ハヤシライス
- 蒸し茄子のサラダ
- 南瓜のいとこ煮
- 胡瓜のレモン漬け
- すいか

9月
- 赤飯
- 清汁（紅白白玉・そうめん・三つ葉）
- 琥珀卵、鶏の八幡巻き
- 茄子といんげんの胡麻だれ
- 蓮根とあさりのしぐれ煮
- ほうれん草と菊のおひたし
- 即席漬け（大根の梅酢漬け）
- 梨

10月
- 炊きこみご飯（鶏肉・ごぼう・人参・しめじ）
- 清汁（豆腐・春菊・柚子）
- いかと里芋の煮もの
- 胡麻酢和え（キャベツ・胡瓜・人参）
- 金時豆の甘煮
- 柿

11月
- ご飯
- 豚汁
- 鮭フライ、ブロッコリー、人参
- ほうれん草のえのき和え
- さつま芋のレモン煮
- みかん

12月
- そば
- かき揚げ（海老・ピーマン）　大根おろし
- ほうれん草としめじの柚子びたし
- フルーツきんとん
- ココアケーキ　苺
- 紅茶

1月
- ご飯
- 味噌汁（わかめ・長葱）
- 魚のけんちん焼き
- 長芋のきんとん
- ほうれん草のおひたし
- 大根の香り和え
- 牛乳羹

2月
- ご飯
- 茶碗蒸し
- 油淋鶏、ピーマン添え
- ブロッコリーのくずあんかけ
- 大根の甘酢漬け
- うぐいす餅

3月
- ふわふわ卵ずし
- 味噌汁（あさり）
- 春野菜の煮もの
- 金時豆の甘煮
- ほうれん草のおひたし
- 大根のサワー漬け
- 苺

三色おはぎのおべんとう

雛祭りにはちらしずし、お彼岸にはおはぎと、
旬の食材やお年よりの方に好まれる素材をとり入れた献立にしています。

●MENU●
三色おはぎ
高野豆腐の印籠煮
青菜のおひたし
もやしの酢のもの
キャベツの押し漬け
梅昆布

SPRING

三色おはぎ

❶米は洗って水をきり、水加減して15分くらいおいてから、炊き上げます。

❷15分くらい蒸らし、塩をふり入れながらすりこぎで半づきにします。

❸左記の分量でご飯を丸めます。

・こしあん　ご飯30g×8個
・胡麻　　　ご飯60g×8個
・きな粉　　ご飯60g×8個

丸めるときは手水をつけながらします。

❹あんは1個分40gずつ8個に丸めます。胡麻、きな粉に入れるあん玉は1.5cmくらいの大きさに16個に丸めておきます。

❺こしあん
あん玉を手のひらにのせて平たくし、ご飯を包みます。

❻胡麻
胡麻を香りよく炒り、すり鉢で三分ずりくらいにすって調味料を入れ、かるくまぜます。ご飯の中にあん玉を入れて丸め、胡麻をまぶします。

❼きな粉
きな粉に砂糖と塩を入れてまぜます。ご飯の中に、あん玉を入れて丸め、きな粉をまぶします。

高野豆腐の印籠煮

❶高野豆腐は65~70℃くらいのお湯の中で40分（片面返して20分）蓋をしてもどします。充分にもどしたら水を何回かとり替えながら、両手にはさみ、にごった汁を押し出してよく水けをしぼります。
❷人参、もどした椎茸をみじん切りにし、鶏挽肉にAの調味料とともにまぜます。
❸もどした高野豆腐の厚みにナイフで切りこみを入れ、具を詰めます。
❹鍋にBのだしと調味料を入れ、煮立ったら高野豆腐を入れ、あくをとりながらゆっくり煮含めます。
❺でき上がってから半分に切ると、切りめがきれいに仕上がります。
＊青じその葉をしき、茹でたさやえんどうを添えました。

青菜のおひたし

❶青菜は茹でて2㎝に切ります。
❷えのき茸は石づきをとって食べやすく切り、酒でかるく炒ってから、水けをきります。
❸だしと醤油を合わせ、青菜とえのき茸をひたします。
❹かるくしぼって盛りつけ、柚子の皮のせん切りをちらします。

もやしの酢のもの

❶もやしはひげ根をとり、茹でておきます。
❷胡瓜は板ずりして（塩分量外）せん切りにします。

❸人参はせん切りにして、かるく塩（分量外）をまぶし、しんなりさせます。
❹きくらげはもどしてせん切りにし、湯通しします。
❺卵はときほぐし、砂糖、塩を入れて薄焼き卵をつくり、せん切りにしておきます。
❻合わせ酢をつくって、材料をまぜ合わせ、器に盛ります。

キャベツの押し漬け

❶キャベツは1枚1枚広げて芯をそぎとり、平らにします。
❷大根は漬ける容器に合わせて長さを決め、薄切りにします。
❸胡瓜は塩（分量外）をふって、板ずりをし、長さを半分に切って縦に薄切りにします。人参、生姜はせん切りにします。
❹材料全部を計り、2％の塩を用意します。
❺平らな器に長さを合わせてキャベツをきっちり敷き、塩をパラリとふります。
❻次からは大根、胡瓜、人参、キャベツ（重ねる順番は自由に）は一面に、生姜はところどころにおいて、塩をふりながら重ねていきます。最後にまたキャベツをのせます。
❼重石をして1～2晩おき、手頃な大きさに切ります。
＊青じその葉を入れることもあります。

梅昆布

❶昆布をせん切りにし、鍋に入れます。
❷梅干しを加え、ひたひたくらいに水を入れ、火にかけます。
❸昆布が柔らかくなったら醤油を入れ、汁がなくなるまでゆっくり煮ます。
❹みりんを加え、照りを出します。

■札幌友の会　元町方面

＊札幌第2友の家の周辺の、70歳以上で1人暮らしの方へ、おべんとうをお届けしています。食数20～25食、つくり手5～8人、1食500円で。
＊野菜の量は1食150gの見当でしています。

材料

●三色おはぎ（1単位・21～24個分）		
もち米	3カップ	
（1カップからおはぎは7～8個分の見当）		
水	米のかさと同量	
塩	小匙1/3	
手水		
水	大匙2	
砂糖	大匙1	
こしあん	500g	
胡麻		
黒胡麻	40g	
砂糖	大匙2½	
醤油	小匙1/2	
きな粉		
きな粉	20g	
砂糖	大匙1	
塩	少々（小匙1/10）	
●高野豆腐の印籠煮（1単位・10人分）		
高野豆腐	5枚	
鶏挽肉	150g	
人参	15g	
干し椎茸	1枚	
A 酒	大匙1	
だし	大匙2	
塩	少々（小匙1/5）	
B だし	3カップ	
醤油	大匙1	
酒	大匙2	
みりん	大匙2	
砂糖	大匙2	
塩	小匙1/3	
●青菜のおひたし（10人分）		
青菜（ほうれん草など）	500g	
えのき茸	2袋	
酒	大匙2	
だし	1カップ	
醤油	大匙2強	
柚子の皮（せん切り）	1/4個分	
●もやしの酢のもの（10人分）		
もやし	500g	
胡瓜	2本	
人参	30g	
きくらげ	中3枚	
卵	2個	
砂糖	小匙2	
塩	小匙1/8	
合わせ酢		
酢	1/2カップ	
だし	大匙3	
砂糖	大匙3½	
塩	小匙1½	
醤油	小匙1/2	
酢生姜（せん切り）	適宜	
●キャベツの押し漬け（1単位・10人分）		
キャベツ	250g	合わせて520g
大根（または蕪）	100g	
人参	50g	
胡瓜	100g	
生姜	20g	
塩	小匙2強（材料の重さの2％）	
●梅昆布（1単位・10人分）		
昆布（だしをとったあとのもの）	200g	
梅干し	3～4個	
醤油	大匙4	
みりん	大匙2	

桜のころのおべんとう

旬の素材をつかった彩りのよいおべんとうです。季節の和菓子が必ず入るのがなにより喜ばれています。

●MENU●

人参ご飯
ぶりの照り焼き
菊花蕪
筍土佐煮
花人参
さやえんどうの塩茹で
甘露焼き卵
あさりとわけぎのぬた
青菜としめじの和えもの
桜（和菓子）

SPRING

人参ご飯

❶米は30分くらい前にといで、普通の水加減にします。
❷人参は粗いおろし金でおろし、酒、塩とともに米に加えて炊きます。
❸グリーンピースは別に茹でておき、冷めてからご飯と合わせます。
＊ご飯が冷たくなっても固くならないように、もち米を入れて炊きます。ご飯は1人分150～160g。

ぶりの照り焼き

❶ぶりをざるに並べ、塩をふって1時間くらいおきます。
❷かるく水けを拭き、たれの調味料につけこんで、下味をつけておきます。
❸よく熱した焼き網で盛りつけるとき表になる方から焼き始めます。よい焼き色がついたら返し、たれを刷毛でぬります。もう一度返してたれをぬり、よい焼き色をつけます。

菊花蕪

❶蕪は皮をむき、縦横に細かく切りこみを入れ、塩水につけます。しんなりしたら水けをしぼり、三杯酢を合わせた中につけこみます。
❷赤唐辛子は種を除き、輪切りにして蕪の中心にのせます。

筍土佐煮

❶だしに調味料を半量入れて、食べやすく切った筍をじっくりと煮含め、途中で残りの調味料を足して30分くらい煮ます。
❷削り節は焦がさないようにから煎りして手でもみ、筍の煮汁がなくなる寸前にふり入れてまぶします。

花人参

人参は1㎝弱の厚さの輪切りにし（写真は花形にぬきました）、だしで煮、砂糖、塩で味つけし、仕上げに薄口醤油を少々落とします。

さやえんどうの塩茹で

さやえんどうは塩をまぶして色よく茹でます。

甘露焼き卵

❶卵をときほぐし、だしと酒、醤油を合わせ、ガーゼで漉します。次に砂糖、塩を加えてよくまぜます。
❷卵焼き器で少し焦げ目がつくくらいに焼き上げます。

あさりとわけぎのぬた

❶味噌に砂糖、酒、だしを合わせ、火にかけて練ります。ここへ酢を加え、固ければだしで調節し、とき辛子をまぜて辛子酢味噌をつくります。

❷あさりはよく砂をはかせておき、水洗いします。酒をふりかけて酒蒸しにし、身と汁に分け、身だけを使います。
❸わかめはもどしてさっと熱湯にくぐらせ、2～3㎝に切ります。
❹わけぎは白い部分と青い部分に分けてさっと茹で、ざるに上げます。根の方から先の方へしごいてぬめりをとり、2～3㎝の長さに切ります。
❺わけぎに下味用の調味料をかけ、あさり、わかめ、辛子酢味噌とまぜて器に盛ります。
＊辛子酢味噌は上からかけてもよいでしょう。

青菜としめじの和えもの

❶青菜は茹でて、食べやすく切ります。
❷しめじは小房に分けてさっと茹でます。
❸だし、醤油をかけて和えます。

桜

❶ボウルに粉類を合わせてふるい入れ、ふるった砂糖も入れ、分量の水を少しずつ加えながら、泡立て器でまぜます。
❷蒸し器またはせいろを火にかけます。蒸気が勢いよく上がってきたらぬれ布巾をしき、たねを流し込んで、強火で10分蒸します。火の通りをよくするために、水でぬらした木べらで十文字に切りこみを入れ、さらに10分蒸します。
❸布巾ごと台の上にとり出し、布巾も一緒に折りたたむようにしてよくもみます（熱いので気をつける）。粗熱がとれたら布巾をとり、シロップを手につけながらこねて、耳たぶくらいの柔らかさにします。
❹生地を少量とって水でといた食紅を竹串の先につけ、色の具合を見ながら練りこみ、残りの生地で包みこんでこね、全体をむらなくきれいな桜色にします。濃くなりすぎないように、少しずつ加えていくのがこつです。
❺生地を25gずつに分けて丸め、手粉をまぶして、めん棒で直径7～8㎝の円形にのばします。
❻20gずつに丸めたあん玉を生地の上におき、5枚の花弁をつくって包みます。
❼花芯は、黄色粉に食紅を少量まぜて（色の深みが増す）水でといて白あんに加え、かるく火を通して練り上げ、裏漉しを通してそぼろにし、竹串を使って中心におきます。

■藤沢友の会 奉仕部

＊高齢、障害、病気などで在宅されている方におべんとうを月一度、14年間お届けしています。
＊40～50食を12～15人でつくります。半月弁当のときは1食550円、折詰の場合は＋70円になります。

材料

●人参ご飯（10人分）	
米	6カップ
（うるち米5カップ＋もち米1カップ）	
人参	2本（500ｇ）
グリーンピース	2カップ
酒	大匙4
塩	小匙3
●ぶりの照り焼き（10人分）	
ぶり	10切れ（1切れ50～60ｇ）
塩	小匙1½（ぶりの1.5%）
たれ	
醤油	大匙6
みりん	大匙6
●菊花蕪（10人分）	
蕪	400ｇ（10個）
水	4カップ（5%の塩水）
塩	大匙2 3/5（5%の塩水）
三杯酢	
酢	大匙4
砂糖	大匙2
だし	大匙4
赤唐辛子	1本
●筍土佐煮（10人分）	
茹で筍	1kg
だし	4カップ
薄口醤油	大匙8
酒	大匙4
砂糖	大匙2
削り節	大匙8
●花人参（10人分）	
人参	500ｇ
だし	250cc（ひたひた）
砂糖	大匙2～4
塩	小匙1/2
薄口醤油	少々（小匙1/10）
●さやえんどうの塩茹で（10人分）	
さやえんどう	100ｇ
塩	小匙1/5

●甘露焼き卵（10人分）	
卵（中）	12個
だし	120cc
酒	大匙4
醤油	小匙2
砂糖	大匙12（108ｇ）
塩	小匙2
●あさりとわけぎのぬた（10人分）	
あさり（殻つき）	600ｇ
わかめ（乾）	10ｇ
わけぎ	200ｇ
酒	大匙4
下味	
醤油	小匙2
酢	小匙2
辛子酢味噌	
西京味噌	大匙6
赤味噌	大匙1
砂糖	大匙4
酒	大匙2
だし	大匙6
酢	大匙1～2
とき辛子	小匙2
●青菜としめじの和えもの（10人分）	
青菜	300ｇ
しめじ	1株
だし	大匙4
醤油	小匙2
●桜（25～30個分）	
上用粉	175ｇ
もち粉	40ｇ
浮き粉	35ｇ
砂糖	350ｇ
水	250ｇ
シロップ	
砂糖	50ｇ
湯	50cc
白あん	500ｇ（20ｇ×25個）
白あん（飾り用）	適宜
食用色素（赤・黄）	少々
手粉用浮き粉	適宜

＊夏は鉄線、冬は山茶花など、季節の花に変えます。

枝豆ご飯のおべんとう

夏の献立なので、枝豆や茄子を使いました。デザートは梅干し入りのさっぱりワイン羹です。

●MENU●
枝豆ご飯
そうめんの清汁
甘塩鮭の焼きもの
揚げ巻き
煮茄子の錦糸かけ
青菜のおひたし
夏大根のあちゃら
糠漬け　茄子　胡瓜
梅干し入りワイン羹

SUMMER

材料

●枝豆ご飯（10人分）	
米	6カップ
水	7カップ
酒	大匙3
塩	大匙3/4
枝豆（さやつき）	450g
●そうめんの清汁（10人分）	
だし	7½カップ
水	8½カップ
昆布	20〜25g（7cm角2枚）
削り節	23g（大匙山盛7）
塩	小匙1½
醤油	少々（小匙1/2）
そうめん	30g
三つ葉	30g強
吸口（おろしわさび・生姜）	
●甘塩鮭の焼きもの（10人分）	
甘塩鮭	10切れ（400g）
酒	大匙1
酢	適宜
●揚げ巻き（10人分）	
油揚げ	（約8×15cm）3枚
片栗粉	少々（約小匙2）
豚挽肉	350g
干し椎茸	4枚
ミックスベジタブル	3/4カップ
卵	1½個
砂糖	大匙1½
醤油	大匙3
パン粉	約1/3カップ
生姜汁	大匙1
練り辛子	小匙3
醤油	小匙5

枝豆ご飯

❶米をといでおきます。
❷枝豆はさやのまま多めの塩でもみ、たっぷりの湯で色よく茹で、豆をとり出します。
❸米に酒、塩を入れ、水加減して炊き上げ、豆を加えます。
❹5分ほどおいてから全体をまぜます。

そうめんの清汁

❶だしをとります。

❷そうめんは、煮立った湯に広げるようにして入れ、箸でさばきまぜます。蓋をしないで茹で、ふき上がってきたらさし水をして全体をしずめ、再び煮立ってきたら火を止めます。水でよく洗い、ざるにとって水をきっておきます。

❸三つ葉は2㎝くらいに切っておきます（素材によっては下茹でしたり、結び三つ葉にします）。

❹だしを中火にかけ、塩と醤油で味をととのえます。

❺そうめん、三つ葉を椀に盛り、静かに汁を注ぎ入れ、吸口を添えます。

甘塩鮭の焼きもの

❶鮭に酒をふりかけておきます。

❷オーブンに天板と金網を重ねて入れ、200℃くらいで熱し、熱くなったら金網に酢をぬりつけ、鮭の皮目を上にしてのせます。

❸約10分を目安にほどよい焼き色加減でとり出します（酒をふりかけることでふっくら焼き上がります）。

揚げ巻き

❶油揚げは長い一辺を残して切り開き、油ぬきをしたあとかるくしぼり、裏面に片栗粉をふります。

❷椎茸はもどして石づきをとり、みじん切りにします。

枝豆ご飯のおべんとう

SUMMER

❸挽肉に油揚げ以外の材料、調味料を全部合わせてまぜます。
❹巻き簀の上に油揚げをおき、❸を平らに広げて巻きます。
❺湯気の上がった蒸し器で15分蒸します。
❻蒸し上がったら2cm厚さに切り、切り口を上にして盛ります。好みで練り辛子と醤油をとき合わせた辛子醤油をつけていただきます。

煮茄子の錦糸かけ

❶茄子はへたをとって縦2つ割りにし、表面に3mm幅くらいで斜めに包丁目を入れ、すぐ水に放します。
❷鍋に水と昆布を入れ、茄子を入れて弱火で6～7分煮、昆布をとり出します。調味料を加え、中火で15分くらい煮ます。
❸といた卵に塩を入れて薄焼きにし、錦糸卵をつくります。
❹茄子を器に盛り、錦糸卵を上に形よくちらします。

青菜のおひたし

❶ほうれん草は茹で、冷水にとってさらします。かるくしぼってざるに広げ、塩をして下味をつけ、3cm長さに切ります。
❷醤油とだしを合わせ、水けをとったほうれん草を和えます。
❸盛りつけて切り胡麻をふりかけます。

夏大根のあちゃら

❶大根は半月、短冊など好みの形に切り、塩水につけ、しんなりしたらしぼっておきます。
❷合わせ酢をまぜ、種をぬいた赤唐辛子の小口切りを加え、❶の大根をつけます。

梅干し入りワイン羹

❶分量の水に粉寒天を加え、よくなじませてから火にかけます。
❷寒天が充分煮とけたらグラニュー糖を加えます。グラニュー糖がとけたら5～10分くらいまぜながら煮ます。
❸粗熱のとれた寒天液にみじん切りの梅干しと赤ワインを入れ、冷やし固めます。

■伊勢友の会

＊茄子と胡瓜の糠漬けを添えました。
＊この15年間、地域のひとり暮らしのお年寄りにおべんとうをお届けしています。40食を5～6人でつくります。1食500円。

●煮茄子の錦糸かけ（10人分）		
茄子	10個	
水	4カップ	
昆布	10cm角3枚	
酒	大匙4½	
みりん	大匙3	
薄口醤油	大匙3½	
卵	1½個	
塩	少々（小匙1/8）	
●青菜のおひたし（10人分）		
ほうれん草	450g	
塩	小匙3/5（3g弱）	
醤油・だし	各大匙2½	
胡麻（白）	適宜（約小匙4）	
●夏大根のあちゃら（10人分）		
大根	450g	
水	2カップ	5%の塩水
塩	小匙4	
合わせ酢		
酢・だし	各1/2カップ	
砂糖	大匙3	
赤唐辛子	大1本	
●梅干し入りワイン羹（1単位・8～10人分）		
水	2～2½カップ	
粉寒天	3g	
グラニュー糖	120g	
赤ワイン	大匙4	
梅干し	1個	

大豆ご飯のおべんとう

10年間続いている高齢者へのおべんとうづくり。切り方やかたさなど、食べやすいことを一番に心がけています。

●MENU●

大豆ご飯
かきたま汁
はまちの照り焼き
昆布巻き
はんぺんの豚肉巻きフライ
ほうれん草のきぬた巻き
千種なます
人参グラッセ
ブロッコリーの塩茹で
南瓜の茶巾しぼり
パイナップルきんとん
グリーンピースの甘煮

AUTUMN

大豆ご飯

❶梅干しは種をとって細かく刻み、調味料と合わせます。
❷青じそをみじん切りにし、布巾に包んで水にさらし、あくをぬきます。
❸米の中に大豆、ちりめんじゃこを入れて炊きます。
❹ご飯が炊き上がったら梅干しを加えてまぜ、青じそを飾ります。

かきたま汁

❶水、昆布、削り節でだしをとり、中火にかけて塩、醤油を入れます。煮立ったら、水どき片栗粉の半量を加えます。
❷卵をよくといて残りの水どき片栗粉もまぜ、少し高いところからまわしながら細く注ぎ入れます。
❸器に盛り、三つ葉などをあしらいます。

はまちの照り焼き

❶はまちは塩をして1時間くらいおきます。焼く前にかるく水けをとっておきます。
❷フライパンを熱し、油を入れて表になる方から焼きます。裏返してこんがりと焼き、いったんとり出します。
❸フライパンの油を捨ててきれいにし、照り用の調味料を合わせて入れ、少し煮つめます。魚の表の方から入れて焼き、返して裏もからめます。

昆布巻き

❶昆布は水にもどして（10分くらい）10cm長さに切ります。
❷昆布を直径2.5cmくらいの太さに巻き、巻き終わりを下にして鍋にきっちり並べます。
❸酢、酒を入れ、次につけ汁をかぶる程度に入れ、昆布が柔らかくなるまで煮ます。そのあと砂糖を加え、20分ほど煮て醤油を加え、煮汁が少し残るまで煮ます。
❹おべんとう箱の高さに揃えて切るときれいです。

はんぺんの豚肉巻きフライ

❶はんぺんは豚肉に幅を合わせて12等分に切ります。
❷豚肉に塩、胡椒をします。
❸はんぺんを豚肉で巻き、小麦粉、卵（水大匙$\frac{1}{2}$でとく）、パン粉の順に衣をつけ、フライにします。
❹切って中が見えるように盛りつけます。

ほうれん草のきぬた巻き

❶卵、砂糖、塩をよくまぜて薄焼きにします。長さ15cmくらいの卵焼き器で、1個分を2枚に焼く程度がよいでしょう。
❷ほうれん草は色よく茹で、つけ醤油につけておきます。
❸巻き簀に薄焼き卵をおき、水けをしぼったほうれん草をのせて巻きます。
❹3cm幅に切り、切り口を上にして並べます。

千《ち》種《くさ》なます

❶大根と人参は4cm長さのせん切りにして、それぞれに塩をふります。しんなりしたら一緒に洗い、醤油で下味をつけます。
❷胡瓜は板ずり（塩小匙$\frac{1}{5}$・分量外）にして洗い、せん切りにします。
❸油揚げは切り開いて中身をこそげとり、せん切りにして醤油少々（2〜3滴・分量外）をふり、から煎りします。
❹干し椎茸はもどして軸をとり、せん切りにします。しらたきはさっと茹でて4cmくらいに切ります。醤油とみりんで椎茸としらたきを煮ます。
❺鶏肉は酒蒸し（塩ひとつまみ、酒小匙1・分量外）にしてほぐしておきます。
❻生姜は針生姜にします。
❼胡麻を煎って粘りが出るまでよくすります。ほかの調味料を加えてすりまぜ、胡麻酢をつくります。
❽❼に生姜以外の材料をていねいにまぜ合わせます。盛りつけて針生姜を天盛りにします。

人参グラッセ

人参は、皮をむき、5mm厚さの輪切りにし、菊型で抜きます。少量の油で炒め、水をひたひたに入れます。砂糖と塩を入れ、水けがなくなるまで煮つめます。

ブロッコリーの塩茹で

ブロッコリーは小房に分け、塩を入れた沸騰湯で色よく茹でます。1人1房約15gです。

AUTUMN

南瓜の茶巾しぼり

❶南瓜を3cm角に切り、皮の方に飾り包丁を入れ、砂糖をふりかけておきます。
❷砂糖がとけたら塩と水を加えて煮ます。
❸ひと煮立ちしたらみりん、醤油を入れ、汁けがなくなるまで弱火で煮ます。温かいうちに布巾でしぼります。
＊砂糖以外の調味料は、材料の上にかけないよう、鍋を傾けて煮汁の中に入れます。

パイナップルきんとん

❶さつま芋の皮をむいて2cm角に切り、水にさらします。
❷しっかり洗い、ひたひたの水で茹でます。
❸芋が柔らかくなったら水を捨て、もう一度火にかけ、水分をとばします。
❹砂糖、塩、パイナップルの汁を加えて火にかけ、水分がなくなるまでまぜます。最後に小さく切ったパイナップルを入れます。

グリーンピースの甘煮

❶豆はたっぷりの水につけ、重曹を入れてひと晩おきます。
❷翌日水をとり替え、5時間ほどおいてから火にかけ、1回茹でこぼします。
❸豆の表面から3cmくらい上まで水を入れ、落とし蓋をして中火で15~20分煮ます。
❹指で押さえてつぶれるくらい柔らかくなったら、ざるに上げ、水をきります。
❺鍋の中に砂糖と塩を入れて、よくかきまぜ、熱い豆と一緒にして鍋をゆすり、5分ほど火を通してから少し蒸らします。

■広島友の会 安佐方面

＊60~100食を各最寄りで分担、もちよりにするので、多くの人が関わることができます。当日は10人くらいで仕上げます。1食450円。

材料

●大豆ご飯(10人分)	
米	4カップ
水	米のかさの1割~1割5分増し
茹で大豆	100g
ちりめんじゃこ	40g
梅干し	4個
砂糖	少々(約小匙1/4)
醤油	少々(約小匙1/3)
青じそ	10枚
●かきたま汁(10人分)	
水	1500cc
昆布	22g
削り節	22g
塩	小匙2
薄口醤油	小匙2
卵	2個
片栗粉	小匙2
水	大匙2
三つ葉(または木の芽)	適宜
●はまちの照り焼き(10人分)	
はまち	400g(1切れを40gにする)
塩	大匙1強(1%)
サラダ油	大匙2
照り用	
醤油	大匙2⅔
みりん	大匙2⅔
生姜汁	小匙2
●昆布巻き(10人分)	
煮昆布	35g
酢	大匙1/2
酒	大匙2
砂糖	35g
醤油	大匙1⅔
昆布のつけ汁	2カップ
●はんぺんの豚肉巻きフライ(12人分)	
はんぺん	1枚(100g)
豚肉薄切り	12枚(約180g)
塩	少々(約小匙1/5)
胡椒	少々
小麦粉	大匙1強
卵	1/2個
パン粉	大匙4
揚げ油	適宜
●ほうれん草のきぬた巻き(10人分)	
ほうれん草	160g
卵	2個
砂糖	小匙2
塩	ひとつまみ(小匙1/8)
つけ醤油	
醤油	小匙2
砂糖	小匙1弱

●千種なます(10人分)	
大根	100g
塩	小匙2/5(2g)
人参	25g
塩	ほんの少々(小匙1/10)
醤油	小匙2/3
胡瓜	1/2本(50g)
油揚げ	1/2枚
干し椎茸	1枚
しらたき	75g
醤油	小匙1/2
みりん	小匙1/2
鶏ささみ	40g
生姜	10g
胡麻酢	
胡麻	大匙2
酢	大匙2⅓
砂糖	小匙2強
醤油	小匙1
塩	ひとつまみ(小匙1/8)
●人参グラッセ(10人分)	
人参	正味150g
砂糖	小匙1⅔
塩	小匙1/3
サラダ油	約大匙1/2
●ブロッコリーの塩茹で	
ブロッコリー	150g
●南瓜の茶巾しぼり(10人分)	
南瓜	250g
砂糖	大匙1
塩	小匙1/2
水	1/3カップ
みりん	大匙1
薄口醤油	小匙1/2
●パイナップルきんとん(10人分)	
さつま芋	正味250g
砂糖	大匙1½
塩	少々(小匙1/5)
パイナップル缶詰(輪切り)	2枚
パイナップル缶詰の汁	1/4カップ
●グリーンピースの甘煮(1単位・約30人分)	
グリーンピース(乾)	300g
重曹	大匙1
砂糖	100g
塩	小匙1

緑茶ご飯と粕汁で

冬の高年向き献立。体のあたたまる粕汁にホイル焼き、お食後は椿もちです。

緑茶ご飯

❶米をとぎ、分量の酒と水で炊きます。
❷緑茶の葉を焦がさないように炒って、すり鉢で細かくすり、塩をまぜます。
❸炊き上がったご飯に❷を加減しながら入れてまぜ合わせます。

粕汁

❶豚バラ肉はひと口大に切り、塩少々（小匙3/5・分量外）をふり、さっと熱湯に通します。
❷油揚げは油ぬきしてせん切りに、こんにゃくはひと口大にちぎります。大根と人参は5～6㎜厚さのいちょう切りにします。
❸酒粕は刻んでからすり鉢ですり、西京味噌

WINTER

●MENU●
緑茶ご飯
粕汁
魚介と野菜の風船焼き
ほうれん草の胡麻和え
椿もち

を加え、だしから少量をとり、加えてのばします。

❹だしで❶と❷を煮こみ、あくをすくって酒粕を加え、砂糖、醤油、塩で味をととのえます。

❺器につけ、青み（茹でいんげん）を少々ちらします。

魚介と野菜の風船焼き

❶魚は骨、皮をとり、4枚のそぎ切りにします。貝柱は半分の厚さに切ります。魚と貝柱に塩と酒をふり、しばらくおきます。

❷しめじは石づきをとり、小房に分けます。人参は型ぬきをし、ラップに包んで電子レンジで加熱します。いんげんも加熱し、大きく斜め切りにします。銀杏は殻から出し、茹でて薄皮をむきます。

❸アルミホイルに冷凍ポテトを敷き、❶の魚と貝柱、❷の野菜、銀杏を並べ、バターをちぎってのせ、空気をぬいてまわりを折りこみます。

❹焼き網、フライパン、またはオーブン（200℃）で15分焼きます。ポン酢醤油を添えます。

＊アルミホイルは小さな穴があっても膨らまないので、包むときに注意します。

ほうれん草の胡麻和え

❶えのき茸は石づきをとり、さっと茹でます。ほうれん草も茹でて冷水にとり、水けをしぼって小匙1/3杯の塩（分量外）をし、かるく下味をつけて3cm長さに切ります。

❷白胡麻はよく炒ってすり鉢ですります。

❸ボウルに胡麻と調味料を入れてまぜ、ほうれん草とえのき茸を和えます。

椿もち

❶道明寺粉はさっと洗い、10分水につけてからざるに上げます。

❷鍋に水と砂糖を入れ、煮立ったら水にとかした食紅を色の様子をみながら加え、道明寺粉を入れて火を止め、さっとまぜます。

❸再び火にかけて1分ほど中火で煮たら、表面にアルミホイルをかけて、そのまま蒸らします。

❹冷めたらぬれ布巾の上に出して個数に分け、あんも同じに分けて俵型に包みます。両面に椿の葉をあてます。

■横浜友の会 東方面

＊デイサービスのお年寄りの昼食を月一度、会場の調理室でつくります。約35食分を5～6人で。1食500円。

材料

●緑茶ご飯（10人分）	
米	5カップ
酒	大匙4 ┐合わせて
水	┘6カップ
緑茶（茶葉）	大匙5
塩	小匙1½
●粕汁（10人分）	
豚バラ肉薄切り	300g
油揚げ	2枚
こんにゃく	1枚
大根	10cm長さ（約200g）
人参	1/2本（約100g）
酒粕	300g
西京味噌	大匙4
だし	10カップ（1人分150cc）
砂糖	大匙1
醤油	大匙2
塩	小匙1
さやいんげん	100g
●魚介と野菜の風船焼き（10人分）	
白身魚	5切れ（1人分1/2切れ）
帆立貝柱	10個
塩	小匙1
酒	大匙2
しめじ	2パック
人参	1本
さやいんげん	20本
銀杏	20個
冷凍ポテト（太）	40本
バター	100g
ポン酢醤油（1人分10cc）	
┌醤油	大匙2
柑橘類しぼり汁（酢と半々でもよい）	大匙2
└だし	大匙1
アルミホイル	適宜（1人分35cm）
●ほうれん草の胡麻和え（10人分）	
ほうれん草	500g
えのき茸	2袋
┌白胡麻	大匙5
醤油	大匙2
砂糖	小匙1½
└だし	大匙2
●椿もち（1単位・8～9個分）	
道明寺粉	100g
水	50cc
砂糖	50g
食紅	少々
漉しあん	300g
椿の葉	16～18枚（1個につき2枚）

おすし2種のおべんとう

鮭の押しずしといなりずしに、茶碗蒸しと煮しめのつけ合わせ。お届けしてとても喜ばれたものの一つです。

●MENU●
押しずし　いなりずし
茶碗蒸し
野菜の煮しめ
ほうれん草の柚子びたし
黒豆
桜羹

WINTER

材料

●押しずし・いなりずし（10〜12人分）	
（21×7.5cmの押し型2本分＋いなりずしの分）	
酢めし	
米	5カップ
（押しずし2カップ・いなりずし3カップ）	
水	5カップ
酒	大匙2
昆布	3×5cm 5枚
合わせ酢	
酢	1/2カップ
塩	大匙1弱
砂糖	大匙2
押しずし（12人分）	
鮭切り身（甘塩）	120g×2枚
昆布	鮭が包める大きさ
酢	50cc
玉葱	40g
レモン薄切り	4枚
貝割れ大根	50g
焼き海苔	1枚
いなりずし（10人分）	
油揚げ	10枚
だし	1カップ
砂糖	大匙8
みりん	大匙2
醤油	大匙4
塩	小匙1/2
●茶碗蒸し（10人分）	
卵	5個
だし	5カップ
塩	小匙1½
みりん	大匙1
醤油	小匙1
鶏ささみ	200g
かまぼこ	1本
生椎茸	5枚
なると	小1本
三つ葉	1把

押しずし いなりずし

酢めしをつくります。米をといでざるに上げ、分量の水、酒、昆布を入れて炊きます。飯台にあけて合わせ酢をまわしかけ、しゃもじで手早く切るようにまぜ、冷まします。

押しずし

❶鮭は2㎜くらいのそぎ切りにします。
❷玉葱は薄切りにし、水にさらしてしぼります。貝割れ大根は2㎝長さに切ります。
❸レモンは1枚を6等分にします。
❹バットにぬれ布巾で拭いた昆布を敷き、鮭をのせて酢をかけ、その上にも昆布をのせてひと晩おきます。
❺型に酢めし、海苔、酢めし、鮭、玉葱、レモン、貝割れ大根の順にのせて押します。
❻1本を6つに切ります。

いなりずし

❶油揚げは2つに切り、開いてから熱湯の中に入れ、ひと煮立ちさせて引き上げ、水けをしっかりとしぼります。
❷だし、砂糖、みりん、醤油、塩を合わせて煮立て、その中に油揚げを入れ、ときどき返しながら煮汁がなくなるまで煮ます。
❸油揚げに酢めしを詰めます。油揚げは半分を裏返しにすると変化がつきます。

茶碗蒸し

❶卵をときほぐして、だし、調味料と合わせておきます。
❷ささみは筋をとり、そぎ切りにします。
❸かまぼこは1本を10等分にし、それを2つに切ります。なるとは薄切りにしておきます。
❹生椎茸は石づきをとり、4つ割りにします。
❺三つ葉は2～3㎝に切ります。
❻蒸し茶碗になるとと三つ葉以外の種を入れ、合わせておいた卵液をそそぎます。
❼充分に湯気のたった蒸し器に入れ、初めの3～4分はやや強火で、あとは少し火を弱めて12～13分蒸します。
❽火を止めたら、なるとと三つ葉を手早くのせ、さらに2分程蒸らします。

野菜の煮しめ

❶じゃが芋は4～6つ切り、人参は乱切り、大根は一口大、ちくわは斜め切りにします。
❷昆布は水につけてもどし、適当な大きさに切って一結びします。
❸鍋にさやえんどう以外の材料をすべて入れ、水、煮干し、調味料を加えて柔らかくなるまで煮ます。
❹さやえんどうは、塩少々（分量外）を加えた熱湯で茹でておき、最後に盛りつけます。

ほうれん草の柚子びたし

❶ほうれん草は2㎝くらいに切って色よく茹でます。菊の花も酢（分量外）を入れた湯で茹でておきます。

❷分量のだし、醤油を合わせたうちから、1/4量をとって、ほうれん草に下味をつけておきます。

❸だし、調味料、柚子のしぼり汁を合わせ、食べる直前にほうれん草と和え、菊の花と一緒に盛りつけます。

■黒豆

圧力鍋で煮る方法

❶黒豆は、塩を加えた分量の水にひと晩つけておきます。

❷つけ水ごと火にかけ、煮立って弱火にしてから、2～3分圧力をかけます。蓋をとらずに圧力がぬけるまでおきます。

❸調味料を入れ、蓋をせずに15分煮、そのまま冷まして味を含ませます。

■桜羹

❶白桃の缶詰を実とシロップに分け、実の方はミキサーにかけてなめらかにします。

❷シロップに水を合わせて300ccにし、粉寒天を入れて火にかけ煮とかします。煮立ったら砂糖を入れ、2～3分して火をとめます。

❸❶の桃を入れ、グレナデン（ざくろ）シロップを加えてよくまぜます。

❹あら熱をとってから、水でぬらした流し缶に入れ、固めます。

■小山友の会

＊15～20食を3～5人でつくります。古河市社会福祉協議会の中の老人給食サービスのボランティアとして月に一度、65歳以上のひとり暮らしの方を対象として行われています。費用はお米と調味料を除いて1人分400円が支給されます。

●野菜の煮しめ（10人分）	
じゃが芋	300g（1人2切れ）
人参	200g（1人2切れ）
大根	400g（1人2切れ）
煮昆布	15cmのもの10本
ちくわ	2本（1人1/6本）
さやえんどう	20枚
水	材料にひたひた
煮干し	10本
砂糖	大匙2
塩	小匙1½
醤油	大匙2
みりん	大匙1
●ほうれん草の柚子びたし（10人分）	
ほうれん草	400g
黄菊の花	1/2パック
だし	大匙2
醤油	大匙2
酒	大匙1/2
砂糖	小匙1
柚子のしぼり汁	大匙1
●黒豆（1単位・10人分）	
黒豆（乾）	2カップ
┌水	5カップ
└塩	小匙1
砂糖	2カップ
醤油	大匙1
塩	小匙1/3
●桜羹（14×14cmの流し缶1個・6個分）	
粉寒天	小匙1（3g）
砂糖	40g
白桃缶シロップ＋水	300cc
白桃缶詰	大1缶（正味250g）
グレナデンシロップ	小匙1

WINTER

幼児のお昼ごはん

友の会では、からだも心もつくる幼児期の食事を特に大切に考えています。
食事用意で実際に心を配るのは、素材そのもののおいしさが伝わるよう
薄めの味つけにすること、子どもたちが食べやすい大きさ、形にすること……など
いろいろありますが、〝何をどれだけ食べたらよいか〟を知って、
バランスよくととのえることも学び合いながら、実践しています。
さらに、講習会などを通じて、幼児のよい食習慣を
地域や社会に広める活動も盛んです。

3歳児のおべんとう

ひとつのおべんとう箱の中に栄養バランスよくおかずをつめました。
幼児が食べやすいように、材料はひと口大20gに丸めたり、切ったりします。

おにぎり

❶米はといでざるに上げ、炊く30分前に分量の水につけ、炊き上げます。
❷熱いうちに40個（1個20g）に分け、俵型ににぎります。
❸海苔は2×9㎝ほどのサイズに切り、おにぎりに巻きます。1人4個をつめます。
＊刻み青菜や胡麻をまぜてもよいでしょう。
＊ほかにおかずがあるので、塩は使いません。

鯵のフィッシュボール

❶鯵を塩水で洗って三枚におろし、細かく切ってみじんに叩きます。
❷みじん切りにした葱、青じそ、生姜汁、塩、片栗粉を❶に加え、よくまぜます。
❸1個10g（1人2個）に丸め、小麦粉を薄くまぶし、170℃の油（分量外）でゆっくり揚げます。

卵焼き

❶とき卵にだしと調味料を入れて、よくまぜます。

●MENU●
おにぎり
鰺のフィッシュボール
卵焼き
じゃが芋の白煮
ひじきの煮もの
胡麻和え
野菜の甘酢漬け
ぶどう豆

❷卵焼き器のすみずみにまで油（分量外）をぬってよく熱し、卵液を¼流し入れ、焼けたらくるくると巻いて端によせます。また油をぬり、卵を流して焼きます。何度かくり返し、焼き上げます。10個に切り分けます。

じゃが芋の白煮

❶じゃが芋は皮をむき、1個10gくらいの角切りにし、水にさらします。
❷だし、調味料を鍋に入れ、水をきったじゃが芋を加え、柔らかくなるまで煮ます。

材料

●おにぎり（10人分・1個20gで40個分）	
米	2カップ
水	2カップ
海苔	2枚
●鰺のフィッシュボール（20個・10人分）	
鰺	正味200g
長葱	1/3本
青じそ	3枚
生姜汁	小匙1
塩	小匙1/4
片栗粉	小匙2
小麦粉	大匙2〜3
●卵焼き（10人分）	
卵	3個
砂糖	大匙1½
醤油	小匙1弱
塩	小匙1/5
だし	30cc
●じゃが芋の白煮（10人分）	
じゃが芋	200g
だし	2/3カップ
砂糖	大匙1½
塩	小匙1/3
みりん	大匙1½
●ひじきの煮もの（10人分）	
長ひじき（乾）	25g
サラダ油	大匙1
人参	1/3本
油揚げ	1枚
だし	2/3カップ
A 醤油	大匙1½
砂糖	大匙1
酒	大匙2/3
●胡麻和え（10人分）	
キャベツ	100g
小松菜	100g
すり胡麻	大匙1
砂糖	小匙1
醤油	小匙2
だし	大匙1½
●野菜の甘酢漬け（10人分）	
野菜	合わせて200g
（大根、人参、セロリ、胡瓜、キャベツなど）	
酢	大匙1
サラダ油	大匙1/2
砂糖	大匙1/2
塩	小匙1/2
蒸し昆布	1g
●ぶどう豆（10人分）	
茹で大豆	200g
水	50cc
砂糖	大匙2½
醤油	大匙1/2

ひじきの煮もの

❶ひじきは洗って水につけ、もどします。
❷人参は2cm長さの薄い短冊切り、油揚げは油ぬきし、縦半分に切って細切りにします。
❸油を熱し、適当な長さに切ったひじきをよく炒めます。
❹他の材料、だし、Aを加え、中火で煮汁がほとんどなくなるまで煮ます。

胡麻和え

❶キャベツは葉をはがして茹でます。小松菜も茹で、ともによく水けをしぼって小さく切ります。
❷調味料とだしを合わせ、すり胡麻と一緒に野菜にかけ、まぜ合わせます。

野菜の甘酢漬け

❶野菜は2.5cm長さの薄い短冊に切ります。
❷合わせ酢を容器に入れて、野菜、蒸し昆布を一緒に1日つけこみます。

ぶどう豆

❶茹で大豆と分量の水を火にかけます。
❷砂糖を加え、約15分煮ます。
❸おろし際に醤油を加えます。

■市川友の会

＊乳幼児をもつお母さんのための「生活基礎講習会」で3歳児のおべんとうを実際につめてみました。
＊約50食分、1食85円でした。

子どもの好きなハンバーグ

4～6歳児向きの昼食です。トマト味のソースをかけたハンバーグがメイン。パンは母親の手づくりで、スープとサラダを添えました。子どもたちに一番"おのこし"の少ない献立です。

●MENU●
コーンスープ
大豆入りハンバーグ
粉ふき芋
フレンチサラダ
ロールパン

材料

●コーンスープ（10人分）	
ホワイトソース	
バター	50g
小麦粉	60g
牛乳	400cc
クリームコーン缶	大1/2缶（200g強）
玉葱	60g
マーガリン	10g
固形スープの素	1個
水	5カップ
塩	約小匙3/5
胡椒	少々
生クリーム	50cc
パセリ（みじん切り）	適宜
●大豆入りハンバーグ（10人分）	
合挽肉（牛6：豚4）	350g
玉葱	100g
サラダ油	大匙1
大豆の乾燥フレーク	50g
＊ない場合は、茹で大豆100g	
パン粉	50g
牛乳	100cc
卵	1個
A 塩	小匙2/3
ナツメッグ	少々
胡椒	少々
サラダ油	大匙2
トマトソース	
玉葱	50g
にんにく（みじん切り）	小匙1
サラダ油	小匙2
小麦粉	大匙2
B トマトケチャップ	大匙5
ウスターソース	大匙1/2
醤油	大匙1
砂糖	小匙1
水	2カップ
塩・胡椒	各少々
パセリ（みじん切り）	適宜
●粉ふき芋（10人分）	
じゃが芋	300g
塩	適量
●フレンチサラダ（10人分）	
レタス	180g
胡瓜	150g
人参	50g
ドレッシング	
サラダ油	大匙3強（全体量の10%）
酢	大匙1⅓（ 〃 5%）
塩	小匙1/3（ 〃 0.6%）
●ロールパン（25～30個分）	
特選強力粉	600g
ドライイースト	10g
砂糖	35g
塩	9g
スキムミルク	30g
マーガリン	60g
水	390cc

コーンスープ

❶ホワイトソースをつくります。バターをとかして小麦粉を炒め、サラサラになったら温めた牛乳を少しずつ半量ほど加え、強火にしてかきまぜます。残りの牛乳は一度に加え、さらにまぜながら煮つめます。

❷みじん切りにした玉葱をマーガリンで透き通るまで炒め、水2カップと固形スープの素、コーンを入れて煮ます。

❸そこに❶のホワイトソースを加え、煮立ったら残りの水（3カップ、ホワイトソースの煮つめ加減で分量を調節）を入れ、塩、胡椒で味をととのえ、生クリームを入れます。

❹盛りつけてパセリをちらします。

＊牛乳や生クリームを使ったスープは塩がききやすいので、はじめ塩は半量加えて味をみてととのえます。

大豆入りハンバーグ

❶大豆のフレークは、100ccの水でもどします（茹で大豆なら、マッシュします）。玉葱はみじん切りにし、大匙1の油で炒めます。

❷パン粉は牛乳にひたしておきます。

❸肉、卵、❶、❷をAの調味料と一緒にボウルに入れ、よくこねます。

❹人数分（1人2個）に分けて形をととのえ、温めたフライパンに油をひいて、両面に焼き色をつけます。

❺トマトソースをつくります。玉葱はみじん切りにし、にんにくとともに油で炒め、小麦粉を加え、さらに炒めます。Bの調味料を入れて煮ます。

❻ハンバーグを盛りつけてソースをかけ、パセリのみじん切りをちらします。
＊ハンバーグをソースの中に入れて煮こんでもよいでしょう。

粉ふき芋

❶じゃが芋は子どもが食べやすい大きさに切り、ひたひたの水の量の0.3％の塩を入れ、茹でます。
❷柔らかくなったら一度茹でこぼし、再び火にかけ、芋の重さの0.6％の塩をふり、粉ふきにします。

フレンチサラダ

❶レタスはひと口大に、胡瓜は薄い小口切りにします。人参は細いせん切りにして、かるく湯通しします。
❷すべてをドレッシングで和えます。

ロールパン

❶粉、砂糖、塩、スキムミルクは、合わせてふるいにかけ、大きめのボウルに入れ、ざっとまぜます。
❷イースト、水、マーガリンを加えてよくまぜます。
＊パンこね器を使うときも同じ要領で。
＊生イーストの場合はドライイーストの2倍を使い、約5倍のぬるま湯でとかして材料とまぜます。
❸ひとまとめになったら台の上にとり出し、手につかなくなるまで手のひらで強くこねます（約20分）。
❹こね上げた生地をまるめてボウルに入れ、ラップをかけて2～2.5倍に発酵させます（30℃で約30分）。ふくらんだら、人差し指に粉をつけて生地の中央を押してみます。指の跡が残ったら発酵完了です。
❺生地を台の上に出し、手で軽く押してガスをぬき、35gずつに分割します（なるべく何度も切らなくてもよいようにします）。
❻分割した生地を表面がなめらかになるように丸め、上に乾いた布巾をかけて10分間ベンチタイムをとります。
❼生地を手のひらで押してガス抜きをします。両側から中央に折り、もう一度折り（全体が4段になる）、合わせ目をつまんでとじ、20～25㎝くらいにのばします。全体が同じ太さになるようにのばし、ひと結びします。
❽クッキングシートを敷いた天板に並べ、乾いた布巾をかけ、30℃のオーブンで20～30分発酵させます。
❾170～180℃に熱したオーブンに入れ、約12分焼きます。電気オーブンの場合は、200℃くらいで約12分焼きます。
＊発酵は、室温が28～29℃くらいある時は、室温で。冬場は、ビニール袋に入れ、日だまりにおいて発酵させてもよいでしょう。

■名古屋友の会 幼児生活団の昼食メニュー

＊普段は約30食分を、3人の母親でつくります。1食180円です。
＊ロールパンは母親2～3人が前日に家で焼き、当日もちよります。
★友の会幼児生活団　友の会が主催、運営する幼児（4～6歳）教育の場。

スパゲッティの昼食

大好きなスパゲッティミートソースに、
子どもたちが育てたブロッコリーをつけ合わせました。

スパゲッティミートソース

❶玉葱、人参、にんにくはみじん切りにします。トマトは湯むきして横2つに切って種をとり、賽の目に切ります。
❷フライパンにサラダ油を熱し、にんにくを炒めて香りを出し、玉葱、人参を入れてしんなりするまで炒めます。
❸野菜をいったんとり出し、挽肉を入れてパラパラになるまで炒めます。
❹野菜を戻し、小麦粉をふり入れて、とろりとしたらトマトと残りの調味料、香辛料、水を入れて煮こみます。
❺スパゲッティは半分に折り、塩を入れた沸騰湯で茹で、ざるにあけます。ボウルに移し、サラダ油をさっとからめて皿に盛り、ミートソースをかけてパセリをちらします。
*トマトは水煮缶を使ってもよいでしょう。

●MENU●

スパゲッティミートソース
フライドポテト
ブロッコリーの塩茹で
小松菜と卵のスープ
白花豆の甘煮

材料

●スパゲッティミートソース(10人分)	
スパゲッティ(乾)	440g
熱湯	5ℓ
塩	小匙4
サラダ油	大匙1〜2
ミートソース	
合挽肉	260g
玉葱	120g
人参	60g
トマト(完熟)	440g
にんにく	1片
サラダ油	大匙2
小麦粉	大匙2
トマトケチャップ	90cc
トマトジュース	80cc
水	120cc
醤油	小匙2
ウスターソース	大匙1⅓
砂糖	小匙2
ベイリーフ	2枚
固形スープの素	2個
塩・胡椒・オレガノ・タイム	各少々
パセリ(みじん切り)	適宜
●フライドポテト(10人分)	
じゃが芋	300g
揚げ油	適宜
塩	小匙1/3
●ブロッコリーの塩茹で(10人分)	
ブロッコリー	100g
塩	少々
●小松菜と卵のスープ(10人分)	
小松菜	100g
スープ	
水	6カップ
固形スープの素	2個
塩	少々
卵	2個
えのき茸	60g
●白花豆の甘煮(1単位)	
白花豆(乾)	300g
A 水	3カップ
砂糖	270g
醤油	大匙1

フライドポテト

じゃが芋は皮をむいてくし型に切り、水けをふいて二度揚げし、かるく塩をふります。1人分30gです。

ブロッコリーの塩茹で

ブロッコリーは小房に分けて塩茹でします。1人分は10g盛りつけます。

小松菜と卵のスープ

❶小松菜をさっと茹でて細かく刻み、器に入れておきます。
❷スープを煮立て、2cmに切ったえのきを入れ、塩で味をととのえて、とき卵を流します。
❸❶の器に❷のスープをそそぎます。1人分120ccです。

白花豆の甘煮

❶花豆はたっぷりの水に1晩つけてもどします。一度水を捨てて、たっぷりの水に入れ、10分ほど茹でては、茹でこぼすことを2回くり返します。新しい水で柔らかくなるまで茹でます。
❷別鍋でAを10分煮つめます。
❸花豆を❷に入れ、10〜15分煮て味を含ませます。1人3粒です。

□四日市友の会 幼児生活団の昼食メニュー

＊子どもの分量で20〜25人分を3人の母親がつくりました。1人分150円です。

クリスマス会の日に

**手づくりピッツァが大好評の、親子でたのしむ昼食会のメニューです。

ポテトサラダをクリスマスツリーの本体にして、ブロッコリー、トマト、茹で卵をさしました。**

●MENU●
ピッツァ
サラダツリー
大豆スープ
ロールケーキ

ピッツァ

❶玉葱は薄い輪切り、ピーマンは2～3㎜厚さの輪切り、茹で卵は輪切り、ブロッコリーは小さめに分けて茹でておきます。
❷ボウルの中で粉、イースト、砂糖、スキムミルク、塩を合わせます。
❸分量の水を加減をみながら加え、へらでまぜてまとめ、バター（分量外）をぬった板の上に移してこねます。手につかなくなったら叩きつけながら、さらにこねます。分量のバターを加えてこね、叩いて表面がなめらかになったら、ボール状にまとめます。
❹バター（分量外）をぬったボウルの中で、布巾をかけて一次発酵させます。
❺ふくらんだらガスぬきをして3つに切り分け、丸めて10～15分布巾をかけて休ませます（ベンチタイム）。
❻めん棒で薄くのばし（直径20㎝ほど）、フォークの先で一面に穴を開けます。トマトソースをぬり、具をのせ、チーズをちらし、天板にのせて180℃のオーブンで12分くらい焼きます。
＊トマト、茹でたじゃが芋、ベーコンなど、トッピングは好みでいろいろに。

トマトソース

❶トマトは種があれば除き、粗く刻みます。
❷鍋にオリーブ油を熱し、にんにくを入れて炒め、香りが出たらトマト、トマトの汁、パセリ、オレガノ、タイムを加えてまぜ、塩、胡椒で薄く味をつけます。
❸木べらでかきまぜながら、弱火で、とろりとするまでしっかり煮つめます。
＊生の完熟トマトを湯むきしたものでもできます。

サラダツリー

❶ブロッコリーは、軸を4㎝くらいつけて1房ずつに分け、茹でます。
❷うずらの卵は固茹でにし、殻をむいて楊枝を差しておきます。ミニトマトは洗ってへたをとり、卵と同様に楊枝を差します。
❸玉葱はみじん切りにし、ひたひたの酢につけます。じゃが芋は小さめの乱切りにし、よく水にさらします。人参はいちょう切りにします。
❹たっぷりの水に塩小匙1（分量外）を加え、人参を入れて火にかけ、少したったらじゃが芋を入れます。柔らかくなったらざるに上げ、熱いうちに酢玉葱をふりかけて、少しつぶしてから冷まし、マヨネーズで和えてポテトサラダにし、固めに仕上げます。
❺器に、芯になる瓶（アルミホイルを巻く）を立て、周囲を❹のポテトサラダで包み、三角錐をつくります。
❻下部の方からブロッコリーを差しこみ、うずらの卵、ミニトマトも、彩りをみながら

所々に差しこみます。

❼とり分けていただきます。

大豆スープ

❶玉葱、人参を薄切りにしてサラダ油で炒めます。

❷茹で大豆と玉葱、人参を分量の水で柔らかくなるまで煮て、ミキサーにかけます。

❸鍋にもどし、固形スープの素を入れ、温めます。煮立ったら牛乳を加え、味をみながら塩を入れ、仕上げにパセリをちらします。最後に好みでバターを落とします。

ロールケーキ

❶ボウルに卵白を入れ、泡の先がピンと立つまでしっかり泡立てます。

❷ふるった砂糖を加え、砂糖がとけるまでさらに泡立てます。

❸卵黄を入れてよくまぜ、クリーム色のなめらかな種にし、サラダ油、牛乳、はちみつ、梅酒を入れてまぜ、とろりとした柔らかさにします。バニラエッセンスを加えます。

❹ふるった粉を入れ、さっくりまぜ合わせます。

❺天板に紙を敷いてたねを流し、160～170℃のオーブンで15～17分焼きます。

❻焼き上がったら、巻き簀の上に固くしぼったぬれ布巾をおき、その上にのせて、紙をはがします。

❼ジャムを一面にぬりのばします。

❽端からのり巻きのように巻き（手前の端1cmほどのところから、2～3本すじをつけると巻きやすい）、巻き終わりを下にしておき、なじませます。

❾10等分して、八分立てにした生クリームをしぼり、小口切りのアンゼリカ、小さく切ったドレンチェリー、柊の葉で飾りつけます。

＊デコレーションは季節の果物を使うなど、好みにして下さい。

■熊谷友の会　子ども部クリスマス会のメニュー

＊35～40食を5人でつくりました。1食335円です。

材料

●ピッツァ（直径20cm3枚・10～12人分）	
強力粉	250g
ドライイースト	5g
砂糖	大匙2
スキムミルク	20g
塩	小匙1
水	180cc
バター	40g
トマトソース	大匙9～12（1枚に大匙3～4）
トッピング	
玉葱	小1個
茹で卵	3個
ピーマン	3個
ブロッコリー	150g
ピッツァ用チーズ	300g
トマトソース（1単位・20cmのピザ3～4枚分）	
トマト水煮缶	600g
にんにく（みじん切り）	1片分
パセリ（みじん切り）	大匙1
オレガノ（乾）	小匙1/2～1
タイム（乾）	小匙1/2～1
塩	小匙1/2
胡椒	少々
オリーブ油	大匙2
●サラダツリー（8～12人分）	
ブロッコリー	4～5株
うずらの卵	15個
ミニトマト	15個
じゃが芋	800g
人参	小1本（100g）
玉葱	1/2個
酢	ひたひた
マヨネーズ	大匙2～3
芯にする空き瓶（15～20cm高さの細みのもの）	1本
楊枝	適宜
●大豆スープ（8～10人分）	
茹で大豆	1カップ
玉葱	200g
人参	100g
サラダ油	大匙2
水	2カップ
固形スープの素	2個
牛乳	4カップ
塩	小匙2/5
パセリのみじん切り	適宜
バター	少々
●ロールケーキ（29×25cmの天板1枚・10人分）	
卵	4個
砂糖	120g
薄力粉	100g
サラダ油	大匙1
牛乳	大匙3
はちみつ	大匙1
梅酒	大匙1
＊なければ牛乳で補う	
バニラエッセンス	少々
杏ジャム	50g
生クリーム	100cc
砂糖	大匙1
アンゼリカ	約2cm
ドレンチェリー	2個
柊の葉など	20枚

全国184友の会分布図

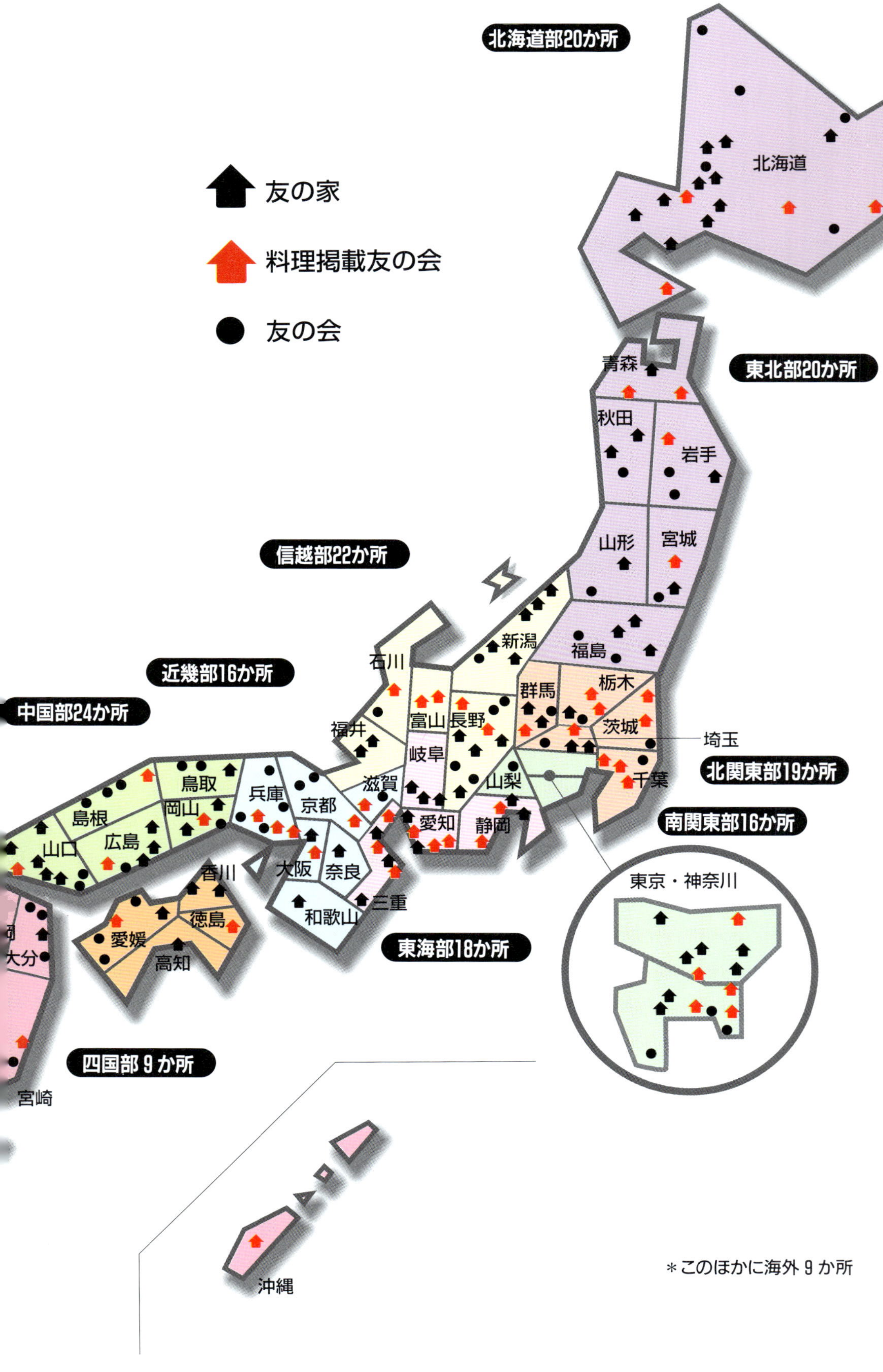

＊このほかに海外９か所

写真掲載 友の会と参加者名

●北海道部
【札幌友の会】
今渕　よし
豊田　玲子
平田　三重子
藤田　洋子
小笠原　登志子

逵　登茂子
犬塚　しげ子
高田　佐苗
磯部　孝子

【函館友の会】
平塚　千鶴子
目抜　笑子
中村　宣子
原田　文子
中野　博子
山崎　富久子

【帯広友の会】
清水　妙子
後藤　祥子
小森　光代
由佐　知子
中木　淳子
丹野　由美子
安部　俊子
高薄　恵美子

【釧路友の会】
岩田　千代子
岩崎　宣子
五位野　育代
船木　京子
小出　信子

●東北部
【仙台友の会】
千葉　節子
木村　正子
遠藤　芙美子
山本　スミ子
堀野　千鶴子

【盛岡友の会】
宮田　俊子
高橋　尚子
大熊　友子
太田原　百佳子
佐々木　三枝子
及川　かず子
山部　昌子
長谷川　千晶
江刺家　真佐子

【八戸友の会】
佐々木　静子
高橋　英子
佐藤　紀子
高橋　タミ

【弘前友の会】
杉見　のぶ子
藤田　哲子
小菅　園子
斎藤　裕子
稲葉　良子
柴　祐子

●信越部
【富山友の会】
密田　裕子
安田　えい子
渡辺　妙子
川岸　敏子

【長野友の会】
丸山　恒子
高野　礼子
増田　久い
豊田　光子
三澤　晃子
宮下　昭子
嶋田　信子
中澤　圭子
伊藤　徳子

【金沢友の会】
慶松　幾多子
田渕　豊子
吉本　節子
南　昌代
長谷川　保子
乙守　浩子
米田　仁紀子
冨木　繁子
木越　京子

【上田友の会】
平出　千恵子
春原　三都子
伊藤　愛子
樋口　富子
坂口　秀代
横沢　方子

【高岡友の会】
堺谷　礼子
松原　都
松井　睦子
前田　志津子
内井　ゆり子
沼田　とみ子
勝山　愛子
粟田　喜美子

●北関東部
【松戸友の会】
有村　緑
藤登　靖子
渡邊　昭子
金子　光枝
長谷川　クミ子
高田　泰子

【千葉友の会】
小林　禎子
道園　眞理子
木川　久子

【市川友の会】
稲富　素代子
栗田　洋子
志関　恵子
吉田　たえ子
小松　浩子
上田　美佐子
浅野　由美子
飯島　千津子

【宇都宮友の会】
橋本　毬子
松本　景子
中嶋　祐子
川崎　圭子
仲谷　佐織
榎本　聖子

【土浦友の会】
藤井　喜代子
飛田　安代
森　ひろみ
片見　波江
斎藤　礼子

【水戸友の会】
早川　珠子
森島　ソノ子
奈良　まさえ
俵道　朝子

【高崎友の会】
須藤　まさ子
渡辺　暁
中嶋　陽子
斉藤　とも江
須永　久美子
斉藤　由美
清水　恵子

【小山友の会】
川田　セツ子
峯田　艶子
手塚　美智子
岩崎　素子
藤沢　久美子

【熊谷友の会】
馬場　泰子
寺島　悦子
今井　たかへ
青木　真佐子
一井　涼子

●南関東部
【東京第一友の会】
木村　要子
水口　佳子
田中　美良子
矢ヶ崎　貞子
三宅　迪子

【横浜友の会】
児玉　順子
植田　田鶴子
若林　良子
高岡　昭美
稲垣　知子

【藤沢友の会】
武本　ます子
長谷川　道代
尾藤　道

【町田友の会】
有原　豊子
佃　綾子
井川　衣子
加藤　和子
倉井　葉子
丸尾　悦子

【横須賀友の会】
小池　洋子
宮前　浩子
入江　芙佐子
塚本　美保子
土屋　智子
大沼　チホ
沖村　久美子
安村　るみ子

●東海部
【名古屋友の会】
大出　寿満枝
薄井　邦子
渡辺　直子
久崎　裕子

【静岡友の会】
神原　博子
内山　久美子
岩成　恵子
大滝　いま子
松村　ひと美
下田　康子
倉山　保枝
古賀　由紀子
青木　良子

【浜松友の会】
田中　京
月花　世志子
川合　明美
磯部　幸子
吉田　真喜子
吉田　君江
坂本　宇津美
今村　淑子
花井　和代
大石　朝子
安田　喜代子
小粥　孝美
岩本　和子
黒柳　久美子

【岡崎友の会】
小島　恵子
佐原　路子
竹下　香代子
藤沼　至保美

【四日市友の会】
西尾　慶子
森　甲子実
伊藤　裕見子
小林　ひろみ

【伊勢友の会】
堀之内　悦子
竹口　陽子
野田　弘子
佐久間　泰子
中山　長子
中村　あつ子

【豊橋友の会】
西山　朱美
村松　美千子
赤田　裕子
会田　則子
豊田　佳子
田村　美和子

【津友の会】
錦　由美子
坂本　由紀子
樋廻　千尋
別所　洋子
浜口　直子
杉野　順子
小川　幸子
中村　道子

●近畿部
【大阪友の会】
本荘　美智子
道本　登代子
田中　通世
石井　とし子
名越　奎子
堀之内　久子
原　史子
伊藤　雅枝

【神戸友の会】
油谷　嘉子
嶋田　初子
本木　輝江
駒井　澄子
下村　喜代子
斉藤　二三子
鮪本　かず子
中野　広子
山下　淳子
下村　淳子
梶原　美奈子
橘　貞子

【京都友の会】
橋本　玲子
吉田　博子
中井　恵美

【西宮友の会】
中原　淑子
植田　照子
前田　公子
市丸　悦子
河島　珠子
堀本　美穂子

【姫路友の会】
堀岡　啓子
北川　恵子
乾　通子
大西　貴美
下村　享子
渕上　千賀子
中川　美恵子
向井　幸子
高光　節子
中島　由美
河津　美代子
小山　康子
岩崎　めぐみ

【大津友の会】
稲増　日出子
前川　紀子
谷山　玲子
小木　佐基子
大野　佳子
藤重　和子
杉本　啓子
石井　和子

●中国部
【広島友の会】
延原　常子
斉藤　磨寿美
徳森　照子
廣本　節子
河村　享子
野村　文子
円山　エリ子
白石　昌美
伴田　千真理
中村　登美子
木村　愛子

【岡山友の会】
木村　政子
谷　季子
真田　真枝
八木　郷子
川上　真澄
川上　晴美
前嶋　喜久子
前田　将子
野田　尚子
光田　幸子
藤原　靖子

【宇部友の会】
部坂　睦美
片寄　秋子
薄井　昌子
村井　郁子
若松　純江
重藤　邦子
古賀　令子
高見　富美子
窪　けい子
松崎　香枝子

【松江友の会】
澤江　典子
土江　はる
森沢　蓉子
筧　昌子
内藤　征子
笹尾　真紀子
加島　君子
田中　敏子
高橋　真澄
藤間　雅代
松林　三津子
松田　幸子
米田　多嘉子

●四国部
【松山友の会】
久保　洋子
白石　初美
安永　笙子
芝　恭仁子
小川　煒子
大西　渥子
大西　紀子
和田　智子
楠　公子
玉木　祥子
木内　三千代
松浦　都
野田　伸子
和田　伊都子
寺内　あゆみ
上野　節子
橋本　照子
中野　もとめ

【徳島友の会】
竹内　敦子
佐藤　章
山下　良枝
長尾　栄子
大西　尚子
福家　芳子
菊野　良子

●九州部
【福岡友の会】
荻原　美枝子
磯崎　静香
宮本　千砂子
印具　由美子
副島　紀身
新宮　静子

【熊本友の会】
斉藤　明子
坂本　史子
高嶋　栄子
岩尾　洋子
角田　祐子
古川　美津代
増冨　アツ子
宮原　美智子
森山　富士子
中島　和子

【北九州友の会】
西村　節子
松野　茂子
藤吉　素子
恒松　容子
中橋　恭子

【宮崎友の会】
前田　喜美子
進藤　紀子
田村　欣子
熊崎　房子
大保　直子
加藤　博子
橋本　佐代
森　由美子
黒木　靖子
玉木　利枝子
堀北　真代

【佐賀友の会】
大坪　恵子
川崎　和子
横尾　祐子
重松　恵子
羽田　邦子
内田　南美子
江口　和子
吉岡　桂子
黒田　和美

【沖縄友の会】
喜友名　泰子
国松　光子
嘉陽　和子
平良　純子
吉里　和子
喜納　恵子
崎原　美代子
稲嶺　清子
奥間　江美
長嶺　邦子
上里　芳子
新里　勝子

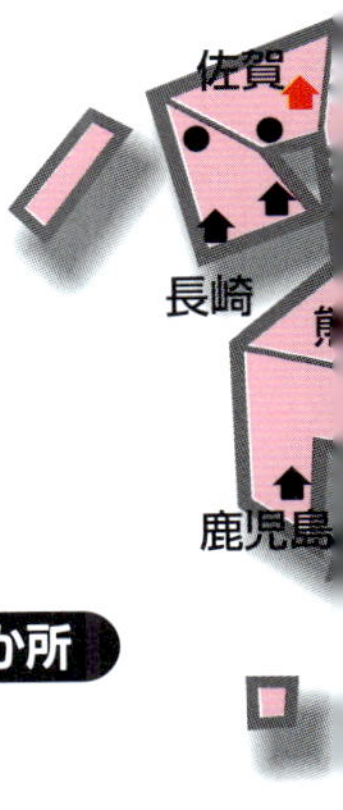

九州部20か所

各地友の会の多人数料理　目的と献立

この本をまとめるにあたり、グループ料理しらべをした際、お知らせのあった友の会のとり組みと献立、郷土・とくい料理の一部を紹介します。

友の会	目的	献立	食事人数	料理人数
■北海道部				
札幌	リーダーの集まり	豚挽肉味噌まぜご飯・鶏肉のオーブン焼き・温野菜のサラダ・青菜の辛子和え・中華風スープ・グレープフルーツゼリー	35	5
札幌	小学生グループクリスマス会	ミートローフトマトソース添え・コーンスープ・サラダ・パン・チョコレートシフォンケーキ・ミルクティー	120	20
函館	つつじの会	有職ずし・とりご飯・みつ豆	220	延30
帯広	新得共働学舎20周年記念祝会	赤飯・生鮭の香草焼き・油淋鶏・牛肉ステーキのマリネ・煮しめ・カニのゼリー寄せ・新漬け・フルーツ盛り合わせ	230	
旭川	例会食	五目うどん・野菜の甘酢漬け・煮豆	70	5～6
小樽	友の家の食堂バザー	春餅（焼き豚・えび入り卵・豚肉とニラ・せん切り芋のから揚げほか）・おかゆ・杏仁豆腐	5～6	4～5
苫小牧	春の方面会、委員会、送別会	菜の花ずし・とりの中華風ローストまたは魚のエスカベーシュ・清汁・煮もの・青菜の煮びたし・煮豆・千草漬け・いちごのババロア	50	5
釧路	郷土・とくい料理	鮭の炊きこみご飯・さんまの南蛮漬け・さんまの甘露煮		
北見	60周年記念例会	赤飯・魚の焼きつけ・煮しめ・浅漬け・煮豆・クッキー・紅茶	50	もちより
江別	友の家落成祝会	オードブル・赤飯・清汁・鮭西京漬け・だし巻き卵・牛肉の八幡巻き・えびの新挽揚げ・煮もの（預け鉢）・おひたし・ぶどう など	50	11
室蘭	集まりのとき	バァーツァン・鮭のジュリアン・ミモザトマト・ひじきサラダ・スープ		分担
■東北部				
仙台	第12次バングラデシュ交流訪問報告会	ちらしずし・おひたし・ひたし豆・笹かまぼこ・清汁・ヨーグルトゼリー・りんご・紅茶ケーキ	140	13
青森	60周年記念例会	黒豆おこわ・清汁・煮合わせ・厚焼き卵・ほうれん草辛子和え・漬けもの・りんごゼリー		
盛岡	例会食（クリスマス）	バンズパン・ハムローフ・つけ合わせ（人参・馬鈴薯・ブロッコリー）	50	前5当7
山形	郷土・とくい料理	いも煮		
福島	東北部家計研究会	中華おこわ・中華スープ・中華風サラダ・胡瓜の辛子漬け・煮豆	60	8
八戸	市からの依頼	お花巻きずし・いなりずし・鶏肉のレモン風味・煮もの・青菜の胡麻和え ほか	30	7
郡山	例会食	ピラフ・白いんげん豆のスープ・甘酢漬け・紅茶ゼリー	36	6
弘前	敬老の日	押しずし・帆立貝のポワレ・アッシ・パルマンティエ・りんごのプディング	8	1
藤尾	郷土・とくい料理	ホッキ飯		
米沢	郷土・とくい料理	鯉の甘煮・冷や汁・つぶつぶ煮・塩びきずし・からかい煮こごり・あさつきの和えもの など		
■信越部				
富山	富山友の会創立の祝いの会食（秋）	松花堂弁当　押しずし・茗荷甘酢漬け・焼き魚・白和え・柚香和え・煮もの・清汁・べっ甲・かまぼこ・くだもの	150	13～15
松本	阪神大震災報告会講師を囲んで	しそご飯・半汁椀・虹ます甘露煮・揚げもの・わさび漬け・酢のもの・山路の佃煮・赤梅の砂糖漬け・キャベツの重ね漬け・梅羹	30	10
長野	常設講習会修了式のお祝い料理	赤飯・浅漬け・煮もの炊き合わせ・うぐいすもち・はっさく	90	10
金沢	例会食	炊き込みご飯・カレーライス・シチュー・五目寿司・肉じゃがなど	60～70	5+もちより
新潟	郷土・とくい料理	鮭の焼き漬け・大根のカララ醤油漬け・かき和えなます		
飯田	県下リーダー会	五平もち・凍豆腐の含め煮・清汁・漬けもの	100	20
上田	例会食	ビーフシチュー・サラダ・バターロール・伊予柑	60	6～7
佐久	例会食	三色ずし・吸いもの・野菜の即席漬け・グレープフルーツゼリー		もちより
福井	福井県三国重油流出事故ボランティアの方に	ミートローフ・キャベツ、ブロッコリーの温サラダ・南瓜の甘煮・ほうれん草と切干大根のおひたし	60	7
高岡	郷土・とくい料理	金時豆のおこわ・大根菜のよごし・大根めし		
長岡	郷土・といく料理	五目赤飯・車麩の揚げ煮・福神漬け		
柏崎	郷土・とくい料理	いりごこ（炒り菜）・味つけえご（海草）		
新発田	県下リーダー会	パン・人参スープ・魚のパイ・ポテトサラダ・漬けもの・ババロア	35	延24
中野	洋裁教室修了式	くるみのおはぎ・けんちん汁・ほうれん草のおひたし・サーモンマリネ・煮豆・キャラブキ・漬けもの・苺・チーズケーキ	40	5～6
伊那	郷土・とくい料理	福神漬け・新生姜粕漬け・青トマトのピクルス・胡瓜の佃煮		
■北関東部				
松戸	講演会の講師へ	サンドイッチ・ダージリン紅茶・グレープフルーツゼリー・ピクルス	10	5

＊前＝前日準備に当たった人　　当＝当日関わった人

友の会	目的	献立	食事人数	料理人数
■北関東部				
松戸	例会食	パン・トマトシチュー・りんごゼリー	180	20
千葉	高年会員集まり	ご飯・清汁・生鮭照り焼き・炊き合わせ・だし巻き卵・青菜和えもの ほか	150	延26
市川	例会食	大豆のドライカレー・即席ピクルス・コーヒーゼリー	180	14
浦和	川越友の会祝賀膳	五目ずし・吸いもの・煮もの・和えもの・煮梅・さざれ石・グレープフルーツクリスタル	40	11
宇都宮	例会食	さつま芋ご飯・鶏肉のさっぱり煮・青菜の煮びたし・人参の甘煮・2色ババロア	56	前9 当9〜13
土浦	例会食	ハッシュドビーフ・野菜の甘酢漬け・コーヒーゼリー	80	10
水戸	高年の集い	栗おこわ・清汁・親子蒸し・煮しめ・青菜と菊のおひたし・蕪の甘酢漬け・ごま豆腐・煮梅・くだもの		
高崎	例会食	炊きおこわ・マッシュポテト入り鶏つくね・人参とも煮・青菜の辛子和え・五目大豆など	76	9
前橋	北関東部高年の集まり	ちらしずし・栗あんの月見汁・えびしんじょ・こんにゃくの角煮・青菜の辛子和え・花豆の甘煮・希望満充	160	もちより
熊谷	新年例会	お正月料理中心(実習で勉強したもののもちより)・清汁	50	8〜10
足利	例会食	パン・ビーフシチュー・サラダ・キウイのシロップ煮	21	3
小山	市の老人給食サービス	きのこご飯・高野豆腐の印籠煮・ほうれん草と菊の柚子びたし・かきたま汁	16	4
■南関東部				
東京第一	婦人之友社創立記念	赤飯・煮もの・カニクリームコロッケ・和えもの・サラダ・香の物・沢煮椀	70	10
東京第二	バングラデシュのお客様に	ベンガルカレー・野菜サラダ・ヨーグルトゼリー・紅茶	30	3
東京第三	20周年記念例会	パン・ローストポークきのこソース・じゃが芋、人参、ブロッコリー添え・りんごのタルトレット・紅茶	115	12
東京第四	南関東部会	五目ちらし・いんげんの辛子和え・花豆の甘煮・蕪の即席漬け・梨	250	前10当19
横浜	会員のご主人が亡くなられたときのお通夜に	煮もの・鶏つくね・おつまみ・鶏の唐揚げ風・野菜の甘酢漬け・紅茶豚・サンドイッチ・スモークサーモンと玉葱のサラダ		
多摩	もちよりでおせち高齢者、仕事をしている人へも	昆布巻き・数の子・田作り・かまぼこ・松風焼き・だて巻き・えびうま煮・紅白なます・寒天・栗きんとん・豆きんとん・黒豆・きんかんの焼酎煮・五目きんぴら・煮しめ 8 種	25	2
武蔵野	友の家竣工式	松花堂弁当　赤飯・吸い物・結びきす・すずき塩焼き・えびの新挽き揚げ・牛肉の八幡巻き・だし巻き卵・炊き合わせ・ごま酢和え・かにの寒天寄せ・あんずの甘煮・ぶどう・山路	80	28
藤沢	高齢者へのおべんとう	萩おこわ・炊き合わせ・生鮭の幽庵焼き・酢のもの・とりまんじゅう など	40〜50	12〜15
町田	おりづる苑(老人ホーム)納涼の夕べ	おにぎり・サンドイッチ・おはぎ・高野豆腐含め煮・椎茸つや煮・南瓜含め煮・人参うま煮・えびだんごパン揚げ・白身魚香味揚げ・香の物・フルーツ盛り合わせ　ほか	70	15
横須賀	例会食	きのこご飯・豚汁・抹茶羹	50	7〜8
平塚	クリスマス礼拝をしていただくお客様との会食	赤飯・鰆の幽庵焼き・のしどり・だし巻き卵・えびの紅白揚げ・炊き合わせ・高原花豆の甘煮・野菜の甘酢漬け・紅白ゼリー		11人 もちより
■東海部				
名古屋	例会食	ハッシュドビーフ・白菜サラダ・オレンジゼリー	160	13
静岡	東海部衣研究会	桜えびピラフ・胡瓜と椎茸甘酢あん・厚焼き卵・花豆の煮豆・水まんじゅう	30	8
浜松	講師の方に	蒸しずし・ほうれん草おひたし・清汁・炊き合わせ	3	もちより
岡崎	郷土・とくい料理	煮みそ・抹茶モザイクロール		
四日市	東海部リーダー会	ハヤシライス	50	2〜3
伊勢	地域の独居老人にお弁当(春)	五目ずし・清汁・白身魚の銀糸揚げ・菜の花辛子和え・奈良漬け・桜餅	40	5
豊橋	例会食12月	ボルシチ・ほうれん草サラダ・ご飯・みかん	64	前6当5
大垣	郷土・とくい料理	大根の簡単漬け		
知多	竣工式	赤飯・押しずし・鰆の味噌漬け・シーフードマリネ・南瓜とささみのはさみ揚げ・牛肉の野菜巻・鶏肉の梅酒煮・豚肉の紅茶煮・ポテトサラダ・いんげんのごま和え・野菜の甘酢漬け・野菜の煮もの・グレープフルーツゼリー・ワイン		
津	20周年記念例会	赤飯・だし巻き卵・豚肉さっぱり煮・煮しめ・鶏レバーワイン煮・温野菜サラダ・かるかんまんじゅう	45	14最寄り もちより
多治見	例会食	前日つくっておけるもの(カレーライス・ハヤシライス・おでん・豚汁ほか)	30	3〜5
松阪	郷土・とくい料理	せんば・ひの菜大根の甘酢漬け・伊勢芋の干菓子・りんごケーキ		

友の会	目的	献立	食事人数	料理人数
■近畿部				
大阪	全国生活研究会	茗荷ずし・鶏の梅肉焼き・鰯の甘露煮・だし巻卵・南瓜の甘煮・茄子の初夢漬け・野菜の即席漬け	400	50〜60
神戸	例会食９月	茄子カレー・らっきょう漬け・梅ゼリー	220	12
奈良	近畿部会のお弁当	ご飯・鮭のわさびマヨネーズ焼き・だし巻卵・鶏のつくね煮・人参、椎茸の煮もの・酢蓮根・三度豆のふり味・ほうれん草のごま和え・白花豆のレモン煮・野菜甘酢漬け・奈良漬け・くだもの	200	16
京都	近畿部会	パン・無花果ジャム・スモークチキン・えびフライ・ピーマンカレー風味・即席ピクルス・フライドポテト・人参グラッセ・プチトマト・プラムワイン風味・抹茶羹	300	17〜18 ＋ もちより
西宮	渡辺和子さんを迎えて	松花堂弁当　手鞠ずし・茶そばずし・ひろうすの煮もの・茄子の利久煮・切干大根のうぐいすあんかけ・一口ステーキ香味野菜添え・紫花豆・漬けもの・じゅんさい味噌汁・黒みつゼリー	6	6 （分担）
豊中	近畿部会	チキンの網焼きバルサミコ風味・鮭とじゃが芋のグラタン・野菜のピクルス・ピーマンのマリネ・人参グラッセ・プラム紅茶煮・ブロッコリー・サラダ菜・ネオマスカット・パン	300	6方面 もちより
姫路	例会食	五目ちらし・清汁・豆の甘煮	例会食70	7〜8人
大津	例会食	ビーフシチュー・即席ザワークラウト・ワインゼリー	60	8〜10
■中国部				
広島	一人暮らしの老人の昼食	しめじご飯・清汁・豚肉の紅茶煮・鮭の蕪巻・人参のうま煮・大豆の甘煮・里芋の含め煮・高野豆腐の含め煮・ブロッコリーの塩茹で・ワイン羹	60	最寄り分担、当10
岡山	四回食レストラン	おにぎり・チキンローフ・醤油豚・鰯の蒲焼き・パセリ入り卵焼き・ぶどう豆・金時豆・南瓜の甘煮・人参グラッセ・さつま芋のオレンジ煮・ピーマンのおかか煮・フライドポテト・ブロッコリーの塩茹で・切干大根とひじきの酢のもの・甘酢漬け・プチトマト	20	
宇部	例会食	きのこご飯・鶏肉の梅酒煮・生姜つけ焼き・サラダ・清汁・さつま芋とりんごきんとん煮	40	10
福山	例会食	岡山ずし・煮豆・清汁	50	6〜8
松江	託児食	ロールサンド（ドライカレー・ポテトサラダ・キャロットジャム）	30	2最寄り
鳥取	郷土・とくい料理	くるみまんじゅう		
米子	郷土・とくい料理	いただき・大山おこわ		
大田	郷土・とくい料理	箱ずし・ごま豆腐		
■四国部				
松山	例会食	ミートローフ・ほうれん草のスープ・サラダ		
丸亀	例会食	山菜おこわ・あさりの吸いもの・胡瓜もみ・苺	50	5〜8 もちより
徳島	例会食	そば米汁	30	2
宇和島	郷土・とくい料理	ふかの湯ざらし・みがらし味噌		
■九州部				
福岡	九州部会	ご飯・けんちん汁・和風ミートローフ・ブロッコリー・さつま芋レモン煮・五色なます・くれない羹	65	前5当4
熊本	制作品セールの食堂	五目ご飯・なめこと豆腐の味噌汁・大徳寺なます・ゼリー	80	9
鹿児島	例会食	ちらしずし・清汁・金時煮豆・赤蕪甘酢漬け	40	7
久留米	例会食	かしわご飯・青菜のごま和え・ロシア漬け	43	5〜6
長崎	郷土・とくい料理	郷土料理＝豚の角煮・紅さしの南蛮漬け		
北九州	子供会の依頼で子供用弁当	おにぎり・ローストチキン・人参サラダ・フライドポテト	34	3
宮崎	竣工式	松花堂弁当　赤飯・香の物・口取り（宮崎牛の昆布巻き木の芽添え・千草焼き・花豆煮豆・ばらりんご）・炊き合わせ・清汁・水ようかん・日向夏蜜柑	50	12
佐賀	例会食	ご飯・豚汁・ほうれん草のテンペソースかけ・柚子大根	40	6
大分	例会食11月	炊き込みご飯・汁もの・魚南蛮漬け・煮豆・野菜和えもの梅味噌ドレッシングかけ・煮梅・茄子辛子漬け・大根人参酢漬け	30	6
島原	郷土・とくい料理	イギリス（イギス）・かんざらし・ところてん・とらはぜの南蛮漬け		
沖縄	例会食	ジューシー（沖縄風炊き込みご飯）・大根の柚子漬け	35	4

■標準計量カップ・スプーンによる重量表（g）

食品名	小匙（5mℓ）	大匙（15mℓ）	カップ（200mℓ）
水	5	15	200
酒	5	15	200
酢	5	15	200
醤油	6	18	230
みりん	6	18	230
味噌	6	18	230
天然塩（特殊製法）	5	15	180
食塩	6	18	240
精製塩	6	18	240
上白糖	3	9	130
グラニュー糖	4	12	180
ざらめ	5	15	200
油	4	12	180
バター	4	12	180
ラード	4	12	170
ショートニング	4	12	160
コーンスターチ	2	6	100
小麦粉（薄力粉）	3	9	110
小麦粉（強力粉）	3	9	110
片栗粉	3	9	130
上新粉	3	9	130
ベーキングパウダー	4	12	150
重曹	4	12	190
生パン粉	1	3	40
パン粉	1	3	40
オートミール	2	6	80
粉チーズ	2	6	90
胡麻	3	9	120
道明寺粉	4	12	160
マヨネーズ	4	12	190
牛乳	5	15	210
生クリーム	5	15	200
練り胡麻	5	15	210
トマトピュレー	5	15	210
トマトケチャップ	5	15	230
ウスターソース	6	18	240
わさび粉	2	6	70
カレー粉	2	6	80
辛子粉	2	6	90
胡椒	2	6	100
脱脂粉乳	2	6	90
粉ゼラチン	3	9	130
番茶（茶葉）	2	6	60
紅茶（茶葉）	2	6	60
レギュラーコーヒー	2	6	60
煎茶（茶葉）	2	6	90
ココア	2	6	90
抹茶	2	6	110
水あめ	7	21	280
はちみつ	7	21	280
ジャム	7	21	250
マーマレード	7	21	270

女子栄養大学「四訂食品成分表」より

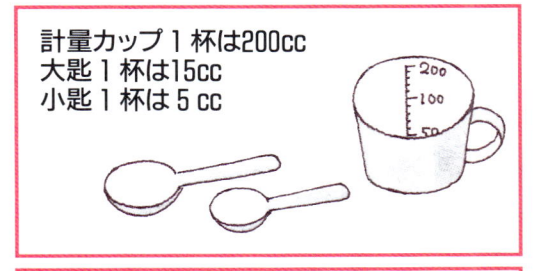

計量カップ 1 杯は200cc
大匙 1 杯は15cc
小匙 1 杯は 5 cc

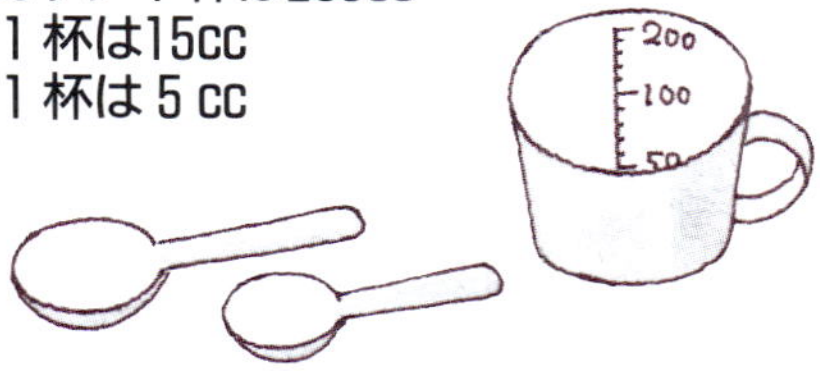

ご飯の炊き上がりは、
重さ、かさ共に米の約2.3〜2.5倍

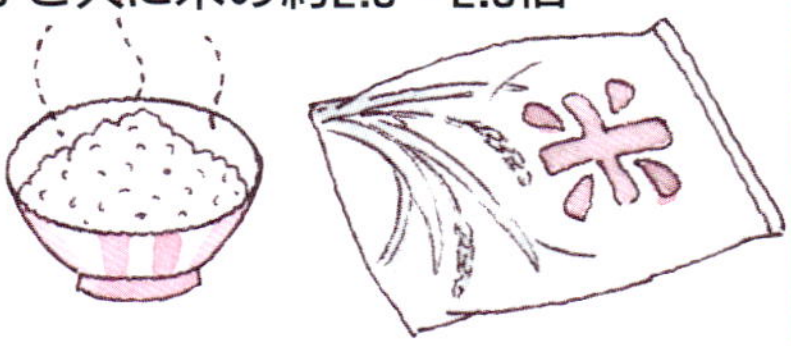

乾豆　もどすとかさは約2.5倍
重さは約 2 〜2.5倍

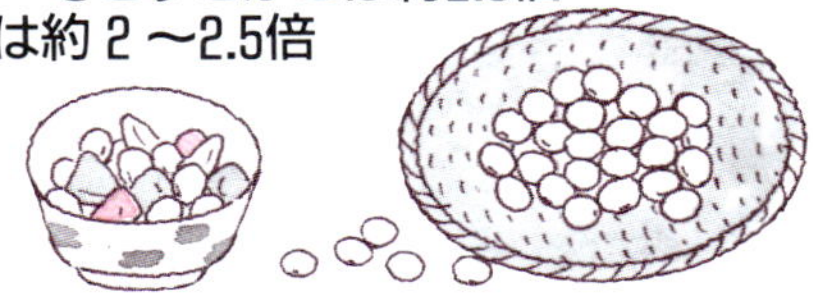

だし昆布　もどすと重さは約2.5倍

干し椎茸　切り干し大根
もどすと重さは約 5 倍

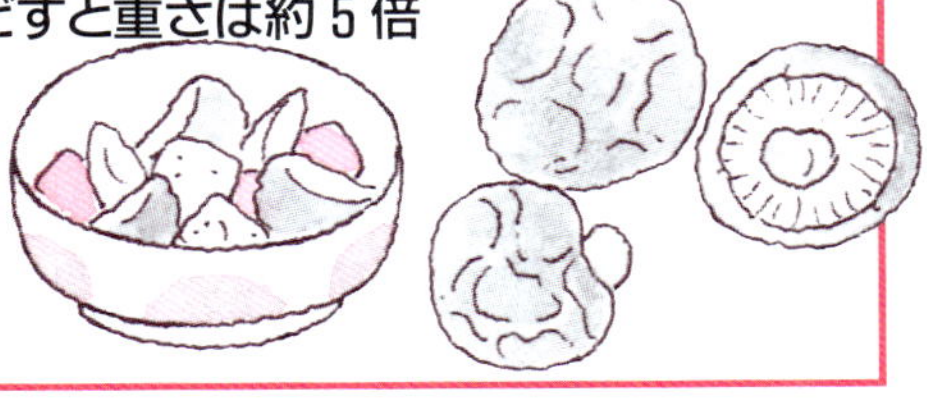

ひじき　ぜんまい
もどすと重さは約 4 〜 5 倍

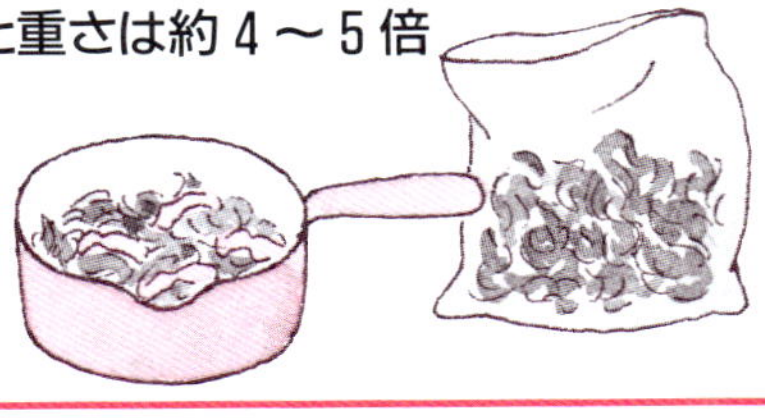

高野豆腐
もどすと重さは約 6 倍

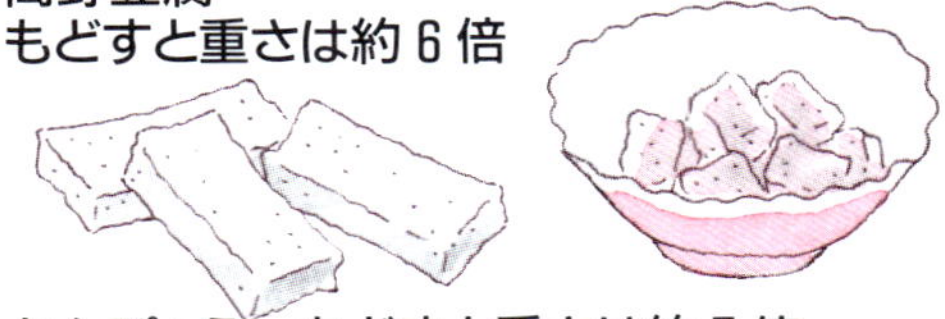

かんぴょう　もどすと重さは約 7 倍

●乾物は製造方法、保存状態により、もどしたときの重量の倍数は一定ではありません。

■材料別料理名索引

あとがき

友の会の皆さまの長年にわたる「グループ料理（多人数のお食事）」の積み重ねを、創立七〇周年に合わせて一冊にまとめてはとのお話しがでて、各地のとりくみと献立についてくわしくお知らせ頂いたのは、昨年春のことでした。その中からテーマ別に分類し、秋から今年二月まで、全国の五〇数か所をお訪ねして撮影取材。料理数にして約三〇〇点の内容の確認を続けてまいりました。

グループでつくるグループのための料理の本は、他に類のないものです。「家庭の味」を出発点とする友の会の食堂メニューや、おもてなし料理の数々は、栄養、経済、時間を中心にして、前準備から後片付けまで働き方も含めた、知恵と工夫の結晶です。

大勢の人が集まる日に手料理でもてなしたいと思うとき、お正月や家族の記念会、地域の老人給食、幼児たちのお昼ごはんにも、家庭のまとめ調理にもきっとお役に立つ、ユニークな一冊となりました。家庭料理の大切さを、地域に広める際のよき参考書として、講習会などにもお使い下されば、うれしいと思います。

心ならずもアンケートにお答えくださった半数しか収録することができませんでしたが、全国友の会の惜しみないご協力によって、編集作業がスムーズに進行し、この記念出版のお手伝いをさせて頂けましたことを、心から感謝しております。

二〇〇〇年五月二〇日

婦人之友社編集部

撮影
原　務
玉置　雄
倉良隆英
佐藤雅英
堤　勝雄
明石孝人（本社）

装丁・デザイン
橋本　文

イラスト
佐藤朋恵

みんなでつくる・みんなでもちよる

会食の日の献立

2000年5月25日第1刷発行
2017年2月1日第11刷発行

著作者　全国友の会
編者　婦人之友社編集部
発行所　婦人之友社
〒171-8510　東京都豊島区西池袋2-20-16
電話　03-3971-0101
振替　00130-5-11600
印刷　大日本印刷株式会社
製本　大口製本印刷株式会社

ISBN978-4-8292-0260-9